Storie Brevi in Arabo per Principianti: 10 Semplici Storie in Arabo ed Italiano con Elenchi di Vocaboli

ISBN: 9798645022594
Pubblicazione: Autoedizione

القصة 1: الطفولة والمراهقة والصداقة

(جين) و(ميشيل) يعرفان بعضهما منذ الطفولة. جين شقراء وميشيل سمراء. والدة (جين) تُدعى (ميل) ووالدة ميشيل هي فيكتوريا. فيكتوريا وميل أصدقاء **لفترة طويلة**. وجين هي **أفضل صديقة** لميشيل.

كأطفال، يحبون لعب الحجلة / القفز، **ولعب حفلات الشاي، والاختباء والبحث**. و**غالباً** ما تأخذهم أمهاتهم إلى الحديقة. ميل تحب عمل فطائر الشوكولاته أو **فطيرة التفاح**. جين وميشيل أيضا تحب مشاهدة **الكارتون**. ويحبون مشاهدة "باربي" و "**الأسد الملك**" معًا.

من سن الحادية عشرة ، ويحبون الرياضة كثيرا. فيحبون الذهاب **لركوب الدراجات** ولعب كرة السلة. يحبون **مشاركة الأسرار**. **كما يقومون بواجباتهم المدرسية** معًا. **المادة المفضلة** لميشيل هي الفرنسية. ومادة (جين) المفضلة هي العلوم.

في المدرسة، (جين) **تحصل على درجات سيئة في الرياضيات. وتأخذ دروساً خصوصية. جين وميشيل يقضيان وقتا في الدراسة اكثر من المتعة**. ميشيل تساعد جين على الدراسة. ميل وفيكتوريا **فخوران** بابنتيهما. ولمكافأتهم، يذهبون في أيام العطل مع عائلاتهم.

في المدرسة الابتدائية حتى **المدرسة المتوسطة / الاعدادية**، جين وميشيل كانا **أصدقاء مقربين جدا**.

ولكن في المدرسة الثانوية، اصبحت الفتاتان أقل قربًا. فهم **يكبرون و لم يعودوا مهتمين بنفس الأشياء**. ميشيل تهتم بالكتب وتركز **بشكل كبير على دراستها**. في حين ان جين مهتمة **بالأزياء**، وشعبيتها في **المدرسة الثانوية والأولاد**. مع مرور **الوقت**، اصبحا مجرد **معارف**.

جين لديها الكثير من الأصدقاء ولديها صديقة مقربة جديدة: ليلي. **صديق** (جين) يُدعى (لوكاس).

ميشيل لديها أيضا **صديقة مقربة** جديدة. اسمها آني. آني أيضا **مولعة بالقراءة** مثل ميشيل.

بعد ظهر يوم السبت، دعتى ميل وفيكتوريا **بناتهم** للذهاب إلى السينما معا. الفيلم جيد، لكن **(جين) و(ميشيل) بالكاد يتحدثان**. فيكتوريا حزينة. ان (جين) و(ميشيل) **لم يعودا صديقتين بعد الآن**.

في المنزل، تتحدث فيكتوريا إلى ميشيل:

- **هل تجادلتما** أنت وجين؟

- لا، لماذا؟

- لأنك لم تعودي تتحدثي معها بعد.

- ولكن لا، نحن نتحدث مع بعضنا البعض.

- لكنكما لم تعودا صديقتين.

- **ليس لدينا نفس الإهتمامات.**

- **أدعها إلى المنزل.**

- لا، شكرا.

- ولكن لماذا؟

- أمي، لديها أصدقائها الآن. وأنا أيضاً، لدي صديقتي. **لا يهم** إذا لم نعد أصدقاء.

- حسنا، فهمت.

بعد ظهر أحد الأيام، كانت ميشيل تمشي في الحديقة. فرأت (جين) جالسة على كرسي تبكي

- **مرحبا جين، ما يحدث؟** لماذا تبكي؟

- مرحبا ميشيل. لوكاس وعائلته **انتقلوا** إلى مدينة أخرى. **نحن ننفصل**

- أنا آسفة لك.

- شكرًا لك.

- أين أصدقائك؟

- لا أعرف. إنهم ليسوا هناك.

جين تبتسم لميشيل وتسألها:

- وكيف حالك؟

- أنا بخير شكرا لك. لا تقفي **وحدك** هنا تعالي **وتناولي مشروب معي.**

- لا شكرا. **لا أريد إزعاجك.**

- أنت لا تزعجني. أنا أدعوك.

- طيب، حسنا. شكراً ميشيل أنتِ طيبة جداً.

ذهب الفتاتان إلى المطعم وطلبوا العصير والشيكولاتة. اخبرت (جين) (ميشيل) بمشاكلها. وان ليلي ليست صديقة (جين) المقربة. ولكن ليلي محض استغلالية.

في المساء، شعرت جين بأنها على نحو أفضل. واخبرت أمها عن يومها

لوكاس يغادر وجين تنسى علاقتها معه. بدئا جين وميشيل في **قضاء الوقت معًا.** واصبحت ميل وفيكتوريا سعيدتان.

ذات يوم، **مرضت فيكتوريا.** وكانت جين تساعد ميشيل **في رعاية** فيكتوريا. قامت آني بزيارة فيكتوريا. قدمت ميشيل صديقتها آني لجين. وكانت جين سعيدة بمقابلتها. دعت **ميشيل** آني لتناول الطعام في المنزل. وافقت (آني) بكل سرور. قامتا جين وميشيل **بإعداد الوجبة.** وتناول الفتيات الثلاث الطعام معًا وقت ظهيرة. كانت الوجبة لذيذة.

بعد ثلاثة أيام، شُفيت فيكتوريا. و دعت جين ميشيل وآني للذهاب للتسوق. ولكن (آني) رفضت الدعوة. فقد كان لديها واجبات لتنهيها. بينما قبلت ميشيل الدعوة بكل سرور.

اشترى كلا من جين وميشيل **فساتين** واحذية و **سراويل** جديدة. كما اشتروا **قلادة** جميلة لآني. واشترت ميشيل **معطفاً** لوالدتها. واشترت (جين) **سترة** لوالدتها.

قرب نهاية **العام الدراسي**، رسبت **جين** في امتحاناتها. **واصبحت تعيد الصف من البداية**. ندمت جين. وطلبت من (ميشيل) أن تبقى معها. ميشيل تقول لجين أنها لا تزال صديقتها. و تقرر جين عدم **إهمال دراستها** بعد الآن.

اصبحتا جين وميشيل لا تنفصلا تقريبا. وساعدت **ميشيل جين على النجاح في** دراستها. اصبحت جين سعيدة. واخيرا اصبح ميشيل وجين أصدقاء مقربين كما كانا من قبل.

Vocabolario

الطفولة	Infanzia
الصداقة	Amicizia
سمراء	Mora
لمدة طويلة	Da molto tempo
أفضل صديق / صديقة	Migliore amico/migliore amica (M/F)
لعبة القفز	Giocare a campana
لعب حفلات الشاي	Giocare all'ora del tè
الإختباء والبحث	Nascondino
غالبا	Spesso
فطيرة تفاح	Una torta di mele
كارتون	Cartoni animati
الاسد الملك	Il Re Leone
الذهاب لركوب الدراجات	Andare in bici
مشاركة الأسرار	Condividere segreti
يقومون بواجباتهم المدرسية	Svolgono i compiti
الموضوع المفضل	Materia preferita
درجات سيئة	Brutti voti
انها تأخذ دروسا خاصة	Lei prende lezioni private
جين وميشيل يقضيان وقتًا أطول في الدراسة أكثر من قضاء وقت ممتع	Jane e Michelle passano più tempo a studiare che a divertirsi
هم فخورين ب	Sono orgogliose di
المدرسة المتوسطة	Scuole medie
أصدقاء مقربين جدا	Amiche intime
مراهق / مراهقة	Adolescente/i (M/0F)
اقل قرابة	Meno vicine
يكبرون	Crescono (crescere)
لم يعودوا مهتمين بنفس الشيء	Non hanno più gli stessi interessi
يركز / تركز	Concentrato/a (M/F)
دراسات	Studi

موضة	Moda
المدرسة الثانوية	Scuola superiore
بعد فوات الوقت	Col tempo
مجرد معرفة	Semplici conoscenti
صديق	Ragazzo
صديق مقرب / صديقة مقربة	Amico intimo/amica intima (M/F)
مولع /مولعة بالقراءة	Ama leggere
ابنة/ بنات	Figlia(e)
جين وميشيل بالكاد يتكلمان	Jane e Michelle parlano a malapena
حزين	Triste
جين وميشيل لم يعودا أصدقاء	Jane e Michelle non sono più amiche
هل تجادلتما؟	Avete litigato?
الإهتمامات	Interessi
ادعها إلى منزلنا	Invitala a casa
لا يهم	Non importa
ما الذي يجري؟	Che cosa succede?
للانتقال	Trasferirsi
نحن ننفصل	Ci lasciamo
وحده / وحدها	Da solo/sola (M/F)
تناول مشروب معي	Vieni a bere qualcosa con me
لا أريد أن أزعجك	Non voglio disturbarti
يقضيان الوقت معا	Trascorrere del tempo insieme
مرضت فيكتوريا	Victoria si ammala
للاعتناء ب...	Prendersi cura di...
تحضير الوجبة	Preparano da mangiare
بعد ثلاثة ايام	Tre giorni dopo
شُفيت	Guarita
لشراء	Comprare
فساتين	Abiti
أحذية	Scarpe
سروال	Pantaloni

قلادة	Collana
معطف	Cappotto
سترة	Giacca
العام الدراسي	Anno scolastico
رسبت جين في امتحاناتها	Jane non passa i suoi esami
هي تقوم باعادة سنتها الاولى	Lei deve ripetere l'anno
إهمال دراستها	Trascurare i suoi studi
ميشيل تساعد جين على النجاح في دراستها	Michelle aiuta Jane ad avere successo con gli studi

Storia 1: Infanzia, adolescenza e amicizia

Jane e Michelle si conoscono da quando erano piccole. Jane è bionda, Michelle è **mora**. La madre di Jane si chiama Mel. La madre di Michelle è Victoria. Victoria e Mel sono amiche **da molto tempo**. Jane è la **migliore amica** di Michelle.

Da bambine, amavano **giocare a campana, all'ora del tè** e a **nascondino**. Le loro madri le portano **spesso** al parco. Mel ama preparare le frittelle al cioccolato o la **torta di mele**. Jane e Michelle adorano anche guardare i **cartoni animati**. Amano guardare insieme "Barbie" e **"Il Re Leone"**.

Da quando hanno undici anni adorano praticare sport. Amano andare in **bici** e giocare a basket. A loro piace tanto anche **condividere segreti. Svolgono i compiti** insieme. La **materia preferita** di Michelle è il francese, quella di Jane sono le scienze.

A scuola, Jane ha **brutti voti** in matematica. **Prende lezioni private. Jane e Michelle passano più tempo a studiare che a divertirsi.** Michelle aiuta Jane a studiare. Mel e Victoria **sono orgogliose delle** loro figlie. Per ringraziarle, vanno in vacanza insieme alle loro famiglie.

Dalle elementari fino alle **scuole medie**, Jane e Michelle sono **amiche intime**.

Al liceo però, le due ragazze diventano **meno vicine. Crescono** e **non hanno più gli stessi interessi**. A Michelle interessano i libri ed è molto **concentrata** sui suoi **studi**. A Jane invece interessa essere alla **moda**, farsi conoscere alle **scuole superiori** e dai ragazzi. **Col tempo**, diventano **semplici conoscenti**.

Jane ha molte amiche ed una nuova amica del cuore: Lilly. Il **ragazzo** di Jane si chiama Lucas.

Anche Michelle ha una nuova **amica intima**. Il suo nome è Annie. Anche Annie **ama leggere** come Michelle.

Un sabato pomeriggio, Mel e Victoria invitano le loro **figlie** ad andare al cinema insieme. Il film è bello , ma **Jane e Michelle parlano a malapena**. Victoria è **triste. Jane e Michelle non sono più amiche.**

A casa, Victoria parla con Michelle:

-      Tu e Jane **avete litigato**?
-      No, perchè?
-      Non le parli più.

- Ma no, ci parliamo.
- Ma non siete più amiche.
- Non abbiamo gli stessi **interessi**.
- **Invitala a casa.**
- No, grazie.
- Ma perché?
- Mamma, ora ha i suoi amici. E anche io ho la mia migliore amica. **Non importa** se non siamo più amiche.
- Ok, capisco.

Un pomeriggio, Michelle cammina nel parco. Vede Jane piangere su una sedia.

- Ciao Jane, **che cosa succede**? Perché stai piangendo?
- Ciao Michelle. Lucas e la sua famiglia **si trasferiscono** in un'altra città. **Ci lasciamo.**
- Mi spiace.
- Grazie.
- Dove sono le tue amiche?
- Non lo so. Non ci sono.

Jane sorride a Michelle e le chiede:

- E tu come stai?
- Sto bene, grazie. Non stare qui **da sola**. Vieni a **bere qualcosa con me**.
- No grazie. **Non voglio disturbarti**.
- Non mi disturbi. Ti sto invitando.
- Ok, ok. Grazie, Michelle. Sei davvero gentile.

Le due ragazze vanno al ristorante. Ordinano crepes al cioccolato e del succo. Jane racconta a Michelle i suoi problemi. Lilly non è veramente amica di Jane. Lilly è solo un'approfittatrice.
In serata, Jane si sente meglio. Racconta la sua giornata a sua madre. Lucas se ne va. Jane dimentica la sua relazione con lui. Jane e Michelle iniziano a **trascorrere del tempo insieme**. Mel e Victoria sono felici.
Un giorno, **Victoria si ammala**. Jane aiuta Michelle a **prendersi cura di** Victoria. Annie visita Victoria. Michelle presenta la sua amica Annie a Jane. Jane è felice di incontrarla. Michelle invita Annie a pranzo a casa sua. Annie accetta con piacere. Jane e Michelle **preparano da mangiare**. Le tre ragazze mangiano insieme a mezzogiorno. Il pranzo è delizioso.

Tre giorni dopo, Victoria è **guarita**. Jane invita Michelle e Annie a fare shopping. Annie rifiuta l'invito perché ha da finire i compiti. Michelle accetta l'invito con piacere. Jane e Michelle **comprano** nuovi **abiti**, scarpe e **pantaloni**. Comprano una bellissima **collana** per Annie. Michelle prende un **cappotto** per sua madre e Jane compra una **giacca** alla sua.

Verso la fine dell'**anno scolastico, Jane non passa i suoi esami. Deve ripetere l'anno.** Jane è rammaricata. Chiede a Michelle di stare con lei. Michelle dice a Jane che è ancora sua amica. Jane decide di non **trascurare** più **i suoi studi**.

Jane e Michelle diventano quasi inseparabili. **Michelle aiuta Jane ad avere successo con gli studi**. Jane è felice. Michelle e Jane diventano amiche intime come prima.

قصة 2: عائلة كبيرة

ليا تنحدر من **عائلة كبيرة**. لديها ثلاثة **أشقاء**. اسم والدها هو جورج. اسم والدتها (ليدي) كان زواج جورج و(ليدي) **زواج مرتب**.

وُلد طفلهما الأول بعد عام من **زفافهما**. **ابنتهما الكبرى** تدعى ماريا. ريتشارد هو الطفل الثاني. لديه نفس اسم **جده** والده. و ليا هي الطفلة الثالثة لوالديها. جينا هي **الشقيقة الصغرى** لليا. جينا هي أصغر أفراد العائلة. **وتشبه والدتها كثيراً.**

ليا لديها سبعة **أبناء عمومة** من جانب والدها، أربع فتيات وثلاثة أولاد. ولديها سبعة أبناء خال/ خالة من جانب والدتها، خمس فتيات وصبيين. ليا وإخوتها قريبون اكثر الى **جانب عائلة والدتهم**. ليا وجينا تزوران في كثير من الأحيان **خالتهما** جوسلين: **الشقيقة الصغيرة** لليدي. جدّتهم لأمهم **لطيفة** جداً. بينما جدتهم لأبيهم صارمة. وفي الواقع قد **مات** جدّاهما.

لوك صديق للعائلة وهو **جار** أيضاً. لوك **أب أعزب**. اسم ابنته كاثرين. كاثرين هي **الطفلة الوحيدة** وهي **يتيمة الأم**. (ليا) و(كاثرين) قريبتان جداً. تعتبر (ليا) **تقريباً** مثل أخت (كاثرين).

بعض أفراد عائلة جورج يعيشون في **الخارج**. فشقيق جورج الأكبر يعيش في فرنسا. حيث ان زوجته فرنسية فأنجبا طفلان من **عرق مختلط** لكليهما. كل عام، جورج ينظم حفلة كبيرة حيث يجتمع جميع أفراد الأسرة. ويكون جورج سعيد لرؤية إخوته وأخواته، فضلا عن **أبناء أخيه** وبنات أخيه.

بعد عشر سنوات من الزواج، بدئا جورج وليدي في الجدال في كثير من الأحيان. واصبحت لديهم **مشاكل زوجية**. (ليدي) **منجذبة إلى** (لوك)، وجورج لديه **عشيقة** اسمها جيزيل. وهي في الثلاثين من عمرها **(جورج) و (ليدي) لم يعودا يحبان بعضهما بعد**. كان زواجهما خطأ. **فتطلقا**. واصبح أطفالهم **منزعجين**. ولكن كان هذا هو أفضل قرار لاتخاذه.

غادر جورج المنزل وانتقل إلى منزل جيزيل. اخذت جينا في **البكاء** فوضحت (ليدي) لهم أن والدها لم يعد يعيش معهم لكنه لا يزال يحب جينا وأشقائها. اخذت (ليا) **تخفف** عن أختها الصغيرة. **اخذها** ريتشارد **بين ذراعيه**. لا يزال جورج على علاقة جيدة مع **زوجته السابقة**. وبدأت **(ليدي) في علاقة عاطفية مع (لوك)**.

بعد ستة أشهر، تزوج (جورج). ودعى (ليدي) و(لوك) والأطفال إلى زفافه لكن (ليدي) لم ترغب في الحضور. أقاما (جينا) و(لوك) في المنزل مع (ليدي) وحضر ماريا، ريتشارد وليا حفل الزفاف.

عاشا (ليدي) و(لوك) في **معاشرة** مع أطفالهما. وفرحت ليا بالعيش مع كاثرين. بالإضافة إلى ذلك، ليا كانت تحب لوك. فهو مثل الأب الثاني لها. وعُرض منزل (لوك) و(كاثرين) القديم **للإيجار**.

المستأجرون الجدد هم زوجان **متقاعدان قديمان**: كريستوف وكريستين ويلسون. إنهم وحيدون. ويعيش أبناؤهم **وأحفادهم** جميعا في الخارج منذ سنوات. وللترحيب بكريستوف وكريستين، اعدت ماريا **كعكة** جيدة **لهم**. قامت كريستين بشكرها **بحرارة**. و دعت ماريا وجميع الأطفال الآخرين **لتذوق** الكعكة مع **زوجها**. قامت ماريا بدعوة ريتشارد، ليا، جينا وكاثرين لتناول الكعكة في بيت ويلسون. وقدمت ماريا لهم الجيران الجدد.

اصبحت جيزيل حامل. وبعد تسعة أشهر، **انجبت جيزيل طفلها الأول**. اسمه ليونيل. وولدت شقيقة ليونيل الصغيرة بعد **سنة ونصف**. واسمها بريسكا. وهي شقراء مثل أمها.

الوقت يمر والأطفال يكبرون. الأكبر سنا يصبحون شباب بالغين وأصغرهم يصبحون مراهقين. اصبحت ليا على ما يرام مع **أخيها غير الشقيق** وأختها غير الشقيقة. و كانت جينا تدعوهم لتناول البيتزا معًا. ليا وجينا تعرفا عليهما بشكل أفضل سريعًا، وتكونت صداقة بينهما.

في هذه الأثناء، تولد **المشاعر** بين ريتشارد وكاثرين. **فيقعون في الحب**. لكنهم **خائفون** من رد فعل لوك وليدي. فهم يخفون علاقتهم عن الجميع **ماعدا** (ليا) ولكن عاجلا أم آجلا ما **سيكتشف** لوك وليدي العلاقة بين اثنين من **طيور الحب**. وافق والديهم على علاقتهما.

وبعد عام، **يطلب ريتشارد من كاثرين أن تتزوجه**. **قفزت** كاثرين في أحضان ريتشارد ووافقت. نظّم ريتشارد وكاثرين **خطوبتهم**. وكانت ليا سعيدة بذلك. حيث اصبحت صديقتها المقربة **زوجة شقيقها**. كانت ليا تساعد شقيقها في اختيار خاتم الخطوبة لكاثرين. وخلال حفل الخطوبة، دعى جورج **شقيقة زوجته** للرقص. وُلد **حفيده** بعد اثني عشر شهرا. واسمه بيتر. وكان بيتر لديه عيون والدته كاثرين.

بعد فترة، حان دور ماريا للزواج. كان زوجها **رجل وسيم** طويل القامة وغني. اسمه جون جاكسون. لكن لسوء الحظ، لا يمكن للزوجين أن ينجبا أطفالًا. والدة (جون) **مستاءة من** وضع ابنها الوحيد فهي ترى انه يجب أن يكون له وريث. **ماريا تحت ضغط كبير من أصهارها**. وكانت تتساءل إن كان يجب انفصالها عن (جون). (جون) أخبرها ألا تفكر في ذلك أبداً لانها زوجته وهو يحبها وعليهم **أن يتعاملوا مع مشكلتهم** معاً لحلها، تبني جون وماريا ولدا. وبعد ثلاث سنوات، تحدث معجزة. و تجد ماريا انها حامل. و تلد فتاة صغيرة جميلة : لوسيا.

Vocabolario

عائلة كبيرة	Una grande famiglia
أخوة	Fratelli
زواج مرتب	Un matrimonio combinato
مولود	Nato
حفل زواج	Nozze
الابنة الكبرى	Primogenita
الجد الأكبر	Bisnonno
الاخت الصغرى	Sorella minore
الاصغر	Più piccola
تشبه والدتها كثيرا	(Lei) assomiglia molto a sua madre
ابن عم (ق) / ابناء عم	Cugino(i) di primo grado
جانب والدتهم من العائلة	La famiglia della loro madre
عمة	Zia
الأخت الصغرى	La sorella minore
طيب/ طيبة	Gentile (M/F)
ميت	Morto(i)
جار	Un vicino di casa
والد واحد	Padre single
مجرد طفل	Figlio unico
يتيمة الأم	Orfana di madre
تقريبيا	Quasi
خارج البلاد	All'estero
عرق مختلط	Etnia mista
ابن شقيق / اشقاء	Nipote(i)
المشاكل الزوجية	Problemi di coppia
ينجذب إلى	Attratta da
عشيقة (حبيبة)	Amante
لم يعد جورج وليدي يعشقان بعضهما البعض	George e Lydie non si amano più
مستاءة	Arrabbiato(i)
تبكي	Piangere

راحة	Rasserenare
ريتشارد يأخذها بين ذراعيه	Richard la prende tra le braccia
الزوجة السابقة	Ex moglie
ليدي تبدأ علاقة رومانسية مع لوك	Lydie inizia una relazione romantica con Luke
السكن المشترك	Convivenza
للإيجار	In affitto
المستأجر	Inquilino(i)
متقاعد	Pensionato(i)
أحفاد	Nipoti
كيك	Torta
بحرارة	Calorosamente
المذاق	Assaggiare
الزوج	Marito
جيزيل حامل	Gisèle rimane incinta
جيزيل تلد طفلها الأول	Gisèle partorisce il suo primo figlio
سنة ونصف	Un anno e mezzo
يمر الوقت	Il tempo passa
أخ غير شقيق	Fratellastro
في هذه الأثناء	Nel frattempo
مشاعر	Sentimenti
يقعون في الحب	Si innamorano
انهم خائفون	Sono spaventati
ماعدا	Tranne che
يكتشف	Scoprono
طيور الحب	Piccioncini
ريتشارد يطلب من كاثرين الزواج منه	Richard chiede a Catherine di sposarlo
تقفز	Saltare (salta)
الارتباط	Fidanzamento
خاتم الخطوبة	Anello di fidanzamento
ابنة بالنسب	Nuora

أخت الزوج / اخت الزوجة	Cognata
حفيد	Nipote
رجل وسيم	Uomo affascinante
منزعج / منزعجة	Seccato/a
وريث	Erede
ماريا تحت الكثير من الضغط	Maria subisce molte pressioni
في القوانين	Suoceri
يتساءل	Domandarsi
لكي يتعاملون مع مشكلتهم	Affrontare il loro problema

Storia 2: Una grande famiglia

Lea viene da una **grande famiglia**. Ha tre **fratelli**. Suo padre si chiama George e sua madre Lydie. Il matrimonio tra George e Lydie è **combinato**.

Il loro primo figlio è **nato** un anno dopo le **nozze**. La loro **primogenita** si chiama Maria. Richard è il secondo figlio. Ha lo stesso nome del suo **bisnonno**, il nonno di suo padre. Léa è la terza. Gina è la **sorella minore** di Léa. Gina è la **più piccola** della famiglia. **Assomiglia molto a sua madre.**

Lea ha sette **cugini di primo grado** dalla parte di suo padre, quattro ragazze e tre ragazzi. Ne ha anche sette materni, cinque ragazze e due ragazzi. Léa e i suoi fratelli sono più vicini **alla famiglia della loro madre**. Leah e Gina visitano spesso la loro **zia** Jocelyne: **la sorella minore** di Lydie. La loro nonna materna è molto **gentile**. La paterna è severa. I due nonni sono già **morti**.

Luc è un amico di famiglia. È anche un **vicino di casa**. Luc è un **padre single**. Sua figlia si chiama Catherine. È **figlia unica**. Ed è anche **orfana di madre**. Léa e Catherine sono molto vicine. Leah è **quasi** come una sorella per Catherine.

Alcuni membri della famiglia di George vivono **all'estero**. Suo fratello maggiore vive in Francia. Sua moglie è francese. Due figli di **etnia mista** sono nati dalla loro unione. Ogni anno, George organizza una grande festa in cui tutta la famiglia si incontra. George è felice di vedere i suoi fratelli e sorelle, così come i suoi **nipoti**.

Dopo dieci anni di matrimonio, George e Lydie iniziano a discutere spesso. Hanno **problemi di coppia**. Lydie è **attratta da** Luke. George ha una **amante**. Il suo nome è Gisèle. Ha trent'anni. **George e Lydie non si amano più**. Il loro matrimonio è stato un errore. Stanno divorziando. I loro figli sono **arrabbiati**. Ma questa è la migliore decisione possibile.

George lascia la casa. Si trasferisce da Gisèle. Gina **piange**. Lydie le spiega che suo padre non vive più con loro, ma ama ancora Gina e i suoi fratelli. Lea **rasserena** la sua sorellina. **Richard la prende tra le**

braccia. George rimane in buoni rapporti con la sua **ex moglie. Lydie inizia una relazione romantica con Luke.**

Sei mesi dopo, George si risposa. Invita Lydie, Luc e i bambini al suo matrimonio. Lydie però non vuole venire. Gina e Luc restano a casa con Lydie. Maria, Richard e Léa partecipano al matrimonio.

Lydie e Luc iniziano una **convivenza** assieme ai loro figli. Lea è felice di vivere con Catherine. E poi, adora Luc. È come un secondo padre per lei. La vecchia casa di Luc e Catherine è **in affitto**.

I nuovi **inquilini** sono una vecchia coppia di **pensionati**: Christophe e Christine Wilson. Sono soli. I loro figli e **nipoti** vivono tutti all'estero da anni. Maria prepara una bella **torta** per accogliere Christophe e Christine. Quest'ultima la ringrazia **calorosamente**. Invita quindi Maria e tutti gli altri bambini ad assaggiare la torta con suo **marito**. Maria chiama Richard, Leah, Gina e Catherine per mangiare la torta dai Wilson. Maria li presenta ai nuovi vicini.

Gisèle rimane incinta. Nove mesi dopo, **partorisce il suo primo figlio**. Lo chiama Lionel. La sua sorellina più piccola nasce dopo **un anno e mezzo**. Si chiama Prisca. È bionda come sua madre.

Il tempo passa. I bimbi crescono. I più grandicelli diventano giovani adulti, e i più piccoli adolescenti. Leah va d'accordo col suo **fratellastro** e la sua sorellastra. Assieme a Gina, li invita a mangiare le pizze insieme. Leah e Gina li conoscono meglio. Presto, tra loro nascerà un'amicizia.

Nel frattempo, nascono dei **sentimenti** tra Richard e Catherine. **Si innamorano**. Ma **sono spaventati** della reazione di Luc e Lydie. Nascondono la loro relazione a tutti, **tranne che** a Léa. Casualmente, però, Luc e Lydia **scoprono** il rapporto tra i due **piccioncini**. I loro genitori approvano la relazione.

Un anno dopo, **Richard chiede a Catherine di sposarlo**. Catherine **salta** tra le braccia di Richard e accetta. Richard e Catherine organizzano il loro **fidanzamento**. Lea è felice. La sua migliore amica diventa sua **cognata**. Leah aiuta suo fratello a scegliere un **anello di fidanzamento** per Catherine. Durante la festa di fidanzamento,

George invita la sua **cognata** a ballare. Suo **nipote** nasce dodici mesi dopo. Il suo nome è Peter. Peter ha gli occhi di sua madre Catherine.

Dopo un po', è il turno di Maria di sposarsi. Suo marito è un **uomo affascinante**, alto e ricco. Il suo nome è John Jackson. Sfortunatamente, la coppia non può avere figli. La madre di John è **irritata** dalla situazione. Il suo unico figlio deve avere un **erede. Maria subisce molte pressioni** dai suoi **suoceri.** Si **domanda** se dovrebbe lasciare John. Lui le dice di non pensarci mai. È sua moglie e la ama. Dovranno **affrontare il loro problema** insieme. Per risolverlo, John e Maria adottano un figlio. Tre anni dopo, accade un miracolo. Maria alla fine rimane incinta. Dà alla luce una splendida bimba: Lucia.

قصة 3: شغف الموسيقى

الغناء هو الهواية المفضلة لدى كريستيان. اسم والدته هو جين. اسم والده هو آلين. بين سن الثانية والرابعة، كان يحب كريستيان **الاستماع إلى القوافي في الحضانة**. انه يحب أن **يهمهم**. وفي الخامسة، استطاع (كريستيان) **القراءة**. يحب أن **يلعب الكاريوكي/** الغناء.

في التاسعة من عمره، شارك في **مسابقة غناء** للأطفال. كان كريستيان لديه الكثير من المواهب. وقد أعجب به أعضاء لجنة التحكيم. كريستيان كان من **بين المرشحين النهائيين** للمسابقة. كان **الفائز بالمسابقة** صبي في الثانية عشرة من عمره. و **فاز كريستيان بالجائزة الثانية**. وحصل على **جهاز لعبة**، دراجة، **ومال**، و **عطلات للخارج**. كما أنه فاز بتذكرة إلى ديزني لاند.

كانا آلين وجين فخوران جدا بطفلهما. و **هنئوه و قبلوه**.

نظم (آلين) و(جين) **حفلة** كبيرة لعيد ميلاد (كريستيان) العاشر. ودعوا العائلة بأكملها وبعض **زملاء الدراسة**. وفي الساعة الرابعة، **تمنى كريستيان أمنية**. ثم **أطفأ الشموع** على كعكة عيد الميلاد وصفق **الجميع**. قدم الضيوف **الهدايا** إلى كريستيان.

في الساعة السادسة انتهت الحفلة وذهب الناس إلى ديارهم. قام والدا (كريستيان) بشكر الجميع. و **اخذ كريستيان يفك هداياه**. **حصل** كريستيان على أحذية جديدة، و **ملابس** جديدة و **لعب** جديدة. واهداه والداه **زلاجات دوارة**.

ولتناول العشاء، تعد جين **طبقها المفضل**. وفي الساعة الثامنة يتناولون الطعام يأكلون المعكرونة و **الجبن**.

رأى كريستيان جيتار قديم في **الخزانة**. فبدأ **كريستيان يعلم نفسه العزف على الجيتار**. لاحظت والدته ذلك. فاشترت له جيتار جديد. وكانت تبحث عن مدرسة موسيقية لابنها كريستيان ليبدأ **دروس الجيتار**.

في الحادية عشرة، قام كريستيان بالغناء خلال حفلة في مدرسته. لاحظ **معلم الصوت** ذلك. **وقام بتحية كريستيان** ووالديه. ثم قدم نفسه. لقد كان مُدرسًا للغناء لمدة خمسة وعشرين عامًا. قال بأن كريستيان لديه صوت جميل. ويأمل (سيريل) أن يعلمه الغناء. قَبِلا جين وآلين الاقتراح. إنها فرصة عظيمة. التقى كريستيان بطالبة أخرى من طلاب سيريل. اسمها آنا. وكانت آنا تعزف على البيانو. **كان (كريستيان) و(آنا) في نفس العمر. وقد اصبحا أصدقاء.**

في الثانية عشرة، يدخل كريستيان الصف السادس. وفي المدرسة الاعدادية، يحصل على درجات سيئة. اذ يركز كريستيان على الموسيقى والغناء. ويطلب منه والده التركيز على الدراسة. **فترك كريستيان الموسيقى**. واصبح يحصل على درجات أفضل في المدرسة.

في السادسة عشرة، يدخل كريستيان المدرسة الثانوية. ويتعلم كيفية **إدارة وقته للهوايات** والدراسات. فاستمر في الموسيقى والغناء. وفي المدرسة الثانوية، يلتقي كريستيان بشباب آخرين. يمارسون الموسيقى أيضًا. ف كين يعزف على الجيتار و (نك) يلعب الطبول. **يشكل (كريستيان) و ((نك) و(كين) فريقًا جيدًا**. فدعى (نك) (كريستيان) و(كين) للعب الموسيقى معاً حيث ان لديه استديو في المنزل. **لديه طبول**، وجيتار ومُرَكّب موسيقي. دعى كريستيان آنا للعب معهم.

في صباح يوم السبت، ذهب كريستيان، كين وآنا إلى منزل نك. قام (نك) بتقديم أصدقاءه الجدد لوالديه. والد (نك) **عازف طبول** سابق ووالدته **منشدة سابقة**. و **أختها الكبرى تعزف على الكمان**. ف (نك) ينحدر من عائلة من الفنانين.

يدخل الشباب الأربعة إلى الاستوديو. قام الجميع بالعزف على آلتهم الموسيقية. قاموا بعزف **الأغاني الشهيرة**. قام كريستيان وآنا بالغناء معا **في نفس الوقت**. وقامت والدة (نك) بتقديم **العصير** للجميع واصبح الشباب الأربعة لا ينفصلون عن بعضهم. فحُب الموسيقى يوحدهم.

بعد بضعة أشهر، دعاهم (سيريل) لإقامة حفلة غنائية. كان كريستيان، آنا، (نِك) و (كين) متحمسون ولكن **لديهم حالة من الخوف من المسرح. احمرت خدود آنا خجلا**. وكان كين متعرقًا. في حين كان (نك) لديه **ألم في المعدة. تصافح (كريستيان)** هو وأصدقاؤه. ولعبوا على خشبة المسرح للمرة الأولى. حضر آباؤهم وعائلاتهم جميعاً.

وأخيراً، **كل شيء يسير على ما يرام. نظام الصوت** لا تشوبه شائبة. **المغنين** يغنون جيداً ويتم اختيار قائمة الأغاني بشكل جيد. وكان كل الحاضرين راضون. وتلقت المجموعة تهاني الجمهور. وكان سيريل سعيدًا **بأدائهم**. وعطاهم **أجرهم**.

حل الليل. وكان **كريستيان جائع كالذئب**. واراد آلين أن **يحتفل بهذا النجاح** الأول. فدعى الموسيقيين الأربعة إلى المطعم. كما دعا سيريل ايضًا.

الوقت يمر. وقام كريستيان وأصدقائه بإنهاء المدرسة الثانوية. وغادرت آنا البلاد لمواصلة دراستها في الخارج. **استمرت دراستها عدة سنوات**. وكان كريستيان **حزين جدا. وقلبه مكسور**.

استيقظ كريستيان **في منتصف الليل**. وهو مستوحى من رحيل صديقته. وأخذ ورقة وقلم واخذ يكتب **كلمات أغنية**. ثم تناول كريستيان جيتاره. وبدأ يلحن لحن الأغنية. كانت أغنية

كئيبة. اول **مقطع يحكي** حباً مستحيلاً. والمقطع الثاني يحكي الانفصال. **تصف الجوقة** مشاعر المغني.

في اليوم التالي، غنى كريستيان أغنيته بالجيتار. واستمع كين، نك، سيريل، جين وآلين إليه. وكان والدا (كريستيان) **متأثران بالأغنية**. لانها كانت أغنية **مؤثرة** جداً. وهو إعلان جميل عن الحب. كما احبا كين و(نك) الأغنية ايضا.

بدأ الأولاد الثلاثة حياتهم المهنية في الموسيقى. وقاموا بضم عازفة بيانو جديدة اسمها جين. (جين) هي ابنة أخت (سيريل). انشأ كريستيان، نك، كين و جين فرقتهم. وسمونها " أونغ ستو ". **وقاموا بتسجيل أغنية** كريستيان. **عنوان الأغنية** هو "لأجلك". وبعد شهر، **أطلقوا أول واحدة**. وفي غضون أيام قليلة ، اصبحت **الأغنية ذات ضجة**. واهدى كريستيان الأغنية إلى آنا. وكانت (آنا) متأثرة جدا. وشكرت (كريستيان).

لحن سيريل ثلاث أغنيات لفرقة أونغ ستو. وألف كريستيان و جين أيضا الأغاني الأخرى. وساعدوهم آلين وسيريل.

وبعد ستة أشهر، أطلق كريستيان، جين، نك وكين ألبومهم الأول من الأغاني. وبعد ستة أسابيع، قاموا بأول حفل موسيقي لهم. **امتملأت القاعة بالمشجعين**. وكان المعجبون يعرفون الأغاني عن ظهر قلب. واستمر العرض لساعة ونصف.

كان كريستيان يفكر في آنا. **وقد اصبح حلمه حقيقة.**

Vocabolario

الغناء	Cantare
هواية	Passatempo, hobby
يستمع	Ascoltare
اناشيد الأطفال	Filastrocca(che)
همهمة	Canticchiare
يقرأ	Leggere
غني كاريوكي	Cantare al karaoke
مسابقة الغناء	Una gara di canto
بين	Tra
الفائز في المسابقة	Il vincitore del concorso
كريستيان يفوز بالجائزة الثانية	Christian vince il secondo premio
يأخذ دروس الموسيقى	Prende lezioni di musica
وحدة التحكيم	Una console da gioco
مال	Soldi
عطلة في الخارج	Vacanze all'estero
هنّأ	Congratularsi
قبلة	Baciano
حفلة	Festa
زملاء الصف	Compagno(a/i) di classe
ليتمنى امنية (كريستيان يجعل أمنية)	Esprimere un desiderio (Christian esprime un desiderio)
يطفئ الشموع	Soffiare le candeline (lui soffia le candeline)
الجميع	Tutti
هدية / هدايا	Regalo(i)
أخذ يفتح الهدايا (قام كريستيان بفتح هداياه)	Scartare i suoi regali (Christian scarta i suoi regali)
حصل على	Ricevere
ملابس	Abiti
ألعاب	Giocattoli

الواح التزحلق	Pattini
الطبق المفضل	Piatto preferito
جبنه	Formaggio
خزانة الملابس	Guardaroba
كريستيان يعلم نفسه العزف على الجيتار	Christian impara da solo a suonare la chitarra
لاحظ (والدته تلاحظه)	Notare (sua madre lo nota)
للبحث عن (تبحث عن ...)	Cercare (lei cerca ...)
ابن	Figlio
دروس الجيتار	Lezioni di chitarra
مدرس الصوت	Insegnante di canto
كريستيان وآنا في نفس العمر	Christian e Anna hanno la stessa età
اصبحوا اصدقاء	Diventano amici
يحيي (يحيي كريستيان)	Salutare (saluta Christian)
للتخلي (كريستيان تتخلى عن الموسيقى)	Lasciare (Christian lascia la musica)
إدارة الوقت	Gestire il tempo
هوايات	Hobby
لتكون على ما يرام مع ... (كريستيان يحصل على ما يرام مع نيك وكين)	Andare d'accordo ... (Christian va molto d'accordo con Nick e Ken)
لديك (لديه)	Avere (Lui ha)
طبول	Batteria
لاعب الطبول	Batterista
الأخت الكبرى	Sorella maggiore
كوريستر ، دعم الصوت	Corista, seconda voce
كمان	Violino
الأغاني المعروفة ، الأغاني الشهيرة	Canzoni conosciute, canzoni famose
في نفس الوقت	Contemporaneamente
عصير	Succo
لديهم حفلة على المسرح	Hanno paura del palcoscenico
أحمرت خدودها	Arrossire (Anna arrossisce)
مبلل بالعرق	Sudato

معدة	Stomaco
اليد / الايدي	Mano(i)
يصافح (مصافحة يدي كريستيان)	Tremare (le mani di Christian tremano)
على المسرح	Sul palco
نظام الصوت	Sistema sonoro
مغني / مغنون	Cantante(i)
أداء	Prestazione
دفع	Paga
يحل الليل	Scende la notte
كريستيان جائع مثل الذئب	Christian ha una fame da lupo
احتفل	Festeggiare
نجاح	Successo
تستمر دراساته لعدة سنوات	I suoi studi durano diversi anni
حزين جدا	Molto triste
كل شيء يجري بشكل جيد	Va tutto bene
قلبه مكسور	Il suo cuore è spezzato
يستيقظ كريستيان في منتصف الليل	Christian si sveglia nel cuore della notte
قلم	Penna
كلمات الاغنية	Testo
بيت شعر	Strofa
يروي	Racconta
جوقة	Ritornello
لوصف (يصف الجوقة ...)	Descrivere (il ritornello descrive ...)
في اليوم التالي	Il giorno successivo
أثارت والد كريستيان للأغنية	I genitori di Christian sono toccati dalla canzone
مثير للمشاعر	Commovente
يسجلون الأغنية	Registrano la canzone
عنوان الأغنية	Titolo del brano
يطلقون أول أغنية منفردة	Viene rilasciato il loro primo singolo

أغنية ناجحة	Hit
ملء (المشجعين ملء القاعة)	Riempire (I fan riempiono l'auditorium)
عن ظهر قلب	A memoria
حلمه يتحقق	Il suo sogno diventa realtà

Storia 3: Una passione per la musica

Cantare è il **passatempo** preferito di Christian. Sua madre si chiama Jeanne e suo padre Alain. Tra i due e i quattro anni di età, a Christian piace molto **ascoltare** le **filastrocche**. Gli piace **canticchiarle.** A cinque anni, Christian sa **leggere**. Gli piace **cantare al karaoke**.

A nove anni, partecipa a **una gara di canto** per bambini. Christian ha molto talento. I membri della giuria sono impressionati. Christian è **tra** i finalisti della competizione. **Il vincitore del concorso** è un ragazzo di dodici anni. **Christian vince il secondo premio**. Ottiene **una console di gioco**, una bicicletta, dei **soldi** e **una vacanza all'estero**. Vince anche un biglietto per Disneyland.

Alain e Jeanne sono molto orgogliosi del loro bambino. Si **congratulano con lui** c **lo baciano**.

Alain e Jeanne organizzano un grande **festa** per il decimo compleanno di Christian. Invitano tutta la famiglia e alcuni **compagni di classe**. Alle quattro, **Christian esprime un desiderio**. Poi **soffia le candeline** sulla torta di compleanno. **Tutti** applaudono. Gli ospiti offrono dei **regali** a Christian.

Alle sei, la festa finisce. Le persone vanno a casa. I genitori di Christian li ringraziano. **Christian scarta i suoi regali**. Christian **riceve** scarpe, **abiti** e **giocattoli** nuovi. I suoi genitori gli prendono i **pattini**.

Per cena, Jeanne gli prepara il suo **piatto preferito**. Alle otto cenano. Mangiano maccheroni al **formaggio**.

Christian vede una vecchia chitarra **nel guardaroba. Christian impara da solo a suonare la chitarra**. Sua madre lo **nota**. Gli compra una nuova chitarra. **Lei cerca** una scuola di musica per suo **figlio**. Christian inizia a prendere **lezioni di chitarra**.

A undici anni, Christian canta ad una festa nella sua scuola. Un **insegnante di canto** lo nota. **Saluta Christian** e i suoi genitori. Quindi si presenta. Insegna canto da venticinque anni. Christian ha una bella voce. Cyril desidera insegnargli a cantare. Jeanne e Alain accettano la proposta. È una grande opportunità. Christian incontra un'altra studentessa di Cyril. Il suo nome è Anna. Anna suona il piano. **Christian e Anna hanno la stessa età**. **Diventano amici**.

A dodici anni, Christian inizia la prima media. In questa scuola prende dei cattivi voti. Christian è troppo concentrato sulla musica e il canto. Suo padre gli chiede di concentrarsi sugli studi. Christian **lascia** la musica. Ottiene voti migliori a scuola.

A sedici anni, Christian inizia le superiori. Impara a **gestire il suo tempo** tra **hobby** e studi. Continua con la musica e il canto. Al liceo, Christian incontra altri giovani. Fanno anche loro musica. Ken suona la chitarra. E Nick la batteria. **Christian va molto d'accordo con Nick e Ken**. Nick invita Christian e Ken a suonare insieme. Ha uno studio a casa. **Lui ha** la **batteria**, una chitarra acustica e un sintetizzatore. Christian invita Anna a suonare con loro.

Sabato mattina, Christian, Ken e Anna vanno a casa di Nick. Nick presenta i suoi nuovi amici ai suoi genitori. Il padre di Nick è un ex **batterista**. Sua madre è una ex **corista**. Sua **sorella maggiore** suona il **violino**. Nick viene da una famiglia di artisti.

I quattro giovani entrano nello studio. Tutti suonano il loro strumento musicale. Suonano **canzoni famose**. Christian e Anna cantano **contemporaneamente**. La mamma di Nick offre del **succo di frutta** a tutti. I quattro giovani diventano inseparabili. L'amore per la musica li unisce.

Alcuni mesi dopo, Cyril li chiama ad animare una festa. Christian, Anna, Nick e Ken sono entusiasti. Ma **hanno paura del palcoscenico. Anna arrossisce.** Ken è **sudato**. Nick ha **mal di stomaco. Le mani di Christian tremano.** Lui e i suoi amici suonano **su un palco** per la prima volta. I loro genitori e famiglie sono tutti presenti.

Alla fine, va tutto bene. Il **sistema sonoro** è impeccabile. I **cantanti** cantano bene. La scaletta delle canzoni è ben scelta. Tutti i presenti sono soddisfatti. Il gruppo riceve le congratulazioni del pubblico. Cyril è felice della loro **prestazione**. Gli dà la loro **paga**.

Scende la notte. Christian ha una fame da lupo. Alain desidera **festeggiare** questo primo **successo**. Quindi invita i quattro musicisti al ristorante. Chiama anche Cyril.

Il tempo passa. Christian e i suoi amici finiscono il liceo. Anna lascia il paese. Continua a studiare all'estero. **I suoi studi durano diversi anni.** Christian è **molto triste. Il suo cuore è spezzato.**

Christian si sveglia nel cuore della notte. È ispirato dalla partenza della sua amica. Prende carta e **penna.** Scrive il **testo** di una canzone. Poi Christian prende la sua chitarra. Compone la melodia della canzone. È un brano malinconico. La prima **strofa racconta** un amore impossibile. La seconda parla della separazione. Il **ritornello descrive** i sentimenti del cantante.

Il giorno successivo, Christian canta la sua canzone con la chitarra. Ken, Nick, Cyril, Jeanne e Alain lo ascoltano. **I genitori di Christian sono toccati dalla canzone.** È davvero **commovente.** Ed è una bellissima dichiarazione d'amore. Ken e Nick adorano la canzone.

I tre giovani iniziano la loro carriera professionale nella musica. Reclutano una pianista. Il suo nome è June. June è la nipote di Cyril. Christian, Nick, Ken e June creano la loro band. La chiamano "Ong'Stu". Poi **registrano** la **canzone** di Christian. Il **titolo del brano** è "Per te". Un mese dopo, **viene rilasciato il loro primo singolo.** In pochi giorni, la canzone diventa una **hit.** Christian dedica la canzone ad Anna. Anna si commuove. Lei ringrazia Christian.

Cyril compone tre canzoni per la band Ong'Stu. Anche Christian e June compongono altre canzoni. Alain e Cyril li aiutano.

Dopo sei mesi, Christian, June, Nick e Ken pubblicano il loro primo album. Sei settimane dopo, fanno il loro primo concerto. **I fan riempiono l'auditorium.** Conoscono le canzoni **a memoria.** Lo spettacolo dura un'ora e mezza.

Christian pensa ad Anna. **Il suo sogno diventa realtà.**

قصة 4: حياة أسرة عادية

ألين في الثالثة عشرة. وهي **تلميذة** تحب الكتابة. تعرض عليها أمها **مذكرات**. فتكتب **أفكارها** في هذه المجلة. و **تخزنها في درجها.**

من الاثنين الى الجمعة، استيقظت **ألين** في السادسة والنص كل صباح. **وقامت بالاستحمام.** وفي يوم الأربعاء، **تغسل شعرها. وتنظف أذنيها وتفرش أسنانها,** وتقص **أظافرها,** وتغادر **الحمام** في السادسة والأربعون **تتجفف بالمنشفة. وترتدي ملابسها وترتدي حذائها وتمشط شعرها** وتأخذ **حقيبتها المدرسية** ثم تغادر **غرفتها.**

في الساعة السابعة تذهب إلى **غرفة الطعام لتناول الفطور** مع والدها. وفي السابعة و خمسة عشر دقيقة تغادر المنزل. فتذهب إلى **محطة الحافلات.** لتستقل الحافلة. وتصل إلى المدرسة في السابعة والأربعون دقيقة.

يرن الجرس في السابعة والخمسين. فيذهب الطلاب إلى **فصولهم الدراسية.** الجميع **يجلس** في أمكانه. وتبدأ الفصول الدراسية. موعد الاستراحة في التاسعة و خمسة وأربعون دقيقة. وتستمر الدروس في الساعة العاشرة صباحًا، لتنتهي الدروس عند الظهر.

تذهب ألين إلى **الكافتيريا.** وتتناول الغداء مع صديقتين. وبعد **الغداء،** تذهب إلى مكتبة المدرسة. تأخذ مكاناً لتقرأ أو تكتب أو تقوم **بواجبها المنزلي.** وأحياناً **تغفو!**

في فترة **ما بعد الظهر،** تبدأ الدروس في الساعة 13:30. تنتهي عند الساعة الخامسة. فتأخذ ألين الحافلة مرة أخرى. ألين تصل إلى المنزل في الساعة الثامنة عشرة. **تضع حقيبتها في** غرفتها. وتنزل وتأخذ **وجبة خفيفة.** ثم تأخذ استراحة حتى تصل والدتها.

تتناول العائلة الطعام حوالي الساعة الثامنة. ثم تزيل ألين حذائها، **وتخلع ملابسها** ليتم غسلها. تضع غسيلها المتسخ في **صندوق الغسيل.** وترتدي بيجامتها ثم **تذاكر دروسها** وتؤدي واجبها المنزلي. تقضي يومها في مذكراتها. وفي حوالي الحادية والعشرين، تذهب إلى السرير. تقرأ وتغفو.

يوم السبت، استيقظت ألين حوالي الساعة التاسعة والنصف. ألين طالبة جادة في مذاكرتها. وفي صباح السبت، تنتهي من **واجبها المنزلي الذي لم تنته في اليوم السابق.** ثم تذاكر أو تراجع دروسها.

وبعد ظهر يوم السبت، تتابع ألين دروس الباليه. توصلها أمها ثم **تعيدها** في الساعة الرابعة.

يوم الأحد، تقوم ألين ببعض الأنشطة مع عائلتها. فقد يبقون في المنزل أو يخرجون.

أخت ألين الكبرى هي ليزلي وتبلغ من العمر 25 عاماً. وهي **خريجة شابة**. ليزلي **عاطلة عن العمل**, تعيش مع والديها وتحب **قضاء الوقت** مع أصدقائها. تحب **التسامُر** مع صديقها. كما أنها تحب **المكياج**.

في كل صباح، تستيقظ ليزلي في الساعة العاشرة. تستعد وتخرج من المنزل **وتغلق الباب** وتذهب إلى مرآب المنزل. لترتدي **خوذة دراجتها النارية**, **تستقل الدراجة** وتغادر.

ليزلي لديها وظيفة مؤقتة **كنادلة في مطعم صغير**. حيث **تعمل بدوام جزئي** وفي العاشرة والعشرين، تصل إلى المطعم. تشرب القهوة وتأكل **الخبز والزبدة**. ثم ترتدي زي **عملها**. لتبدأ بالعمل.

كوينتين هو **زبون منتظم للمطعم**. إنه **يتودد إلى (ليزلي)** كل يوم، يعطي (كوينتين) (ليزلي) **بقشيشاً سخياً**. لكن الشابة **قلقة**.

في الساعة الواحدة تأخذ استراحة لمدة 15 دقيقة. **تتناول وجبة خفيفة** وتواصل خدماتها. **ليزلي لا تأكل كثيراً** لأنها تخاف من السمنة. **فهي عبارة عن جلد وعظام.**

في الساعة السادسة تنهي (ليزلي) خدماتها, وفي السادسة والنصف، تنضم مجدداً إلى أصدقائها في حانة.
في ليلة الجمعة، تخرج ليزلي وصديقاتها إلى **الملاهي الليلية**. وتعود في الساعة الواحدة صباحاً. وأحياناً تنام صديقة لها في منزلها. في صباح يوم السبت، كانت ليزلي **منهكة. فتنام في الصباح الباكر** حتى تستيقظ حوالي الظهر. تتناول الغداء في فترة ما بعد الظهر، وتشاهد الروايات أو تذهب إلى السينما مع صديقاتها.

اسم والدة ليزلي وألين هو (ستيفي) ستيفي معلمة في **مدرسة ابتدائية**. ستيفي تحب الأطفال وتحب وظيفتها. كل ليلة تُعد دروس للأطفال في اليوم التالي. وبعد الامتحانات، **تبقى في بعض الأحيان حتى وقت متأخر**. حيث **تصحح أوراق امتحان طلابها**. (ستيفي) تعرف كل أسماء طلابها. وبعد ظهر يوم الأربعاء، لا **توجد مدرسة**. ويكون لديها بعض **وقت الفراغ.**

اسم زوج (ستيفي) هو (روب) **يعمل روب في علوم الكمبيوتر**. روب مطور. ويعمل في مكتب. ويجلس **دائماً أمام الحاسوب**. يقوم **بطباعة سطور** من الأكواد البرمجية على **لوحة المفاتيح.** وروب أيضا هو المسؤول عن الحفاظ على أجهزة الكمبيوتر في مكان عمله. وهو مدير تكنولوجيا المعلومات. روب يعمل العديد من الساعات الإضافية. ألين تجد أنه **يعمل كثيرا**. و(ألين) تخاف على والدها من مشقة العمل.

Vocabolario

تلميذة	Studentessa
يوميات	Diario
الأفكار	Pensieri
لتخزينها (تخزنها)	Conservare (lo conserva)
درج	Cassetto
استيقظ (ألين تستيقظ)	Svegliarsi (Aline si sveglia)
للاستحمام (تستحم)	Fare la doccia (fa la doccia)
تغسل شعرها	Si lava i capelli
تنظف أذنيها	Si pulisce le orecchie
تنظف اسنانها	Lei si lava i denti
الأظافر	Unghie
الحمام	Bagno
لتجفف (تجفف)	Asciugare (si asciuga)
منشفة	Asciugamano
تلبس ملابسها و حذائها	Si veste e si mette le scarpe
تمشط شعرها	Lei si pettina i capelli
حقيبة مدرسية	Zaino
غرفة نوم	Camera da letto
غرفة الطعام	Sala da pranzo
لتناول الفطور (وجبة الإفطار)	Fare colazione (fa colazione)
محطة الحافلات	Fermata dell'autobus
الجرس يرن	La campanella suona
الفصول الدراسية	Aula
تأخذ مقعدا	Siedono
كافتيريا	Caffetteria
الغداء	Pranzo
للقيام بواجبها (تقوم بواجبها)	Fare i suoi compiti (lei fa i compiti)
تغفو	Si addormenta
بعد الظهر	Pomeriggio
تضع	Lascia

وجبة خفيفة	Spuntino
صندوق الغسيل	Cestino della biancheria
لتخلع ملابسها (تخلع ملابسها)	Spogliarsi (si spoglia)
للتعلم (تتعلم)	Ripassare (ripassa)
لم تنته	Incompleto
اليوم السابق / المساء السابق / الليلة السابقة	Il giorno prima/la sera prima/la sera prima
هي تأخذ ألين	Passa a prendere Aline
خريج شاب	Giovane laureato/a
ليزلي عاطلة عن العمل	Leslie è disoccupata
لقضاء بعض الوقت	Trascorrere il tempo
تثرثر مع	Spettegolare con
ماكياج	Trucco
تغلق الباب	Chiude la porta a chiave
خوذة دراجة نارية	Casco per la moto
هي تبدأ جولتها بالدراجة	La mette in moto
نادلة	Cameriera
هي تعمل بدوام جزئي	Lavora part-time
الخبز والزبدة	Pane e burro
زي النادل	Uniforme da cameriere
زبون منتظم	Cliente abituale
هو يغازل ليزلي	Fa la corte a Leslie
بقشيشًا سخية	Suggerimento generoso
غير مرتاحة	A disagio
لتناول وجبة خفيفة (تتناول وجبة خفيفة)	Per fare uno spuntino (lei fa uno spuntino)
ليزلي لا تأكل كثيرا	Leslie non mangia molto
زيادة الوزن	Ingrassare
انها جلد على عظم	è tutta pelle e ossa
ملهى ليلي	Discoteca
منهكة	Esausta
تنام متأخرة	Lei dorme fino a tardi
المعلم	Insegnante
ابق متيقظا لوقت متاخر	Rimane in piedi fino a tardi

هي تصلح اوراق الامتحان لتلاميذها	Corregge i compiti in classe dei suoi studenti
لا توجد مدرسة	Non c'è scuola
لديها بعض وقت الفراغ	Lei ha del tempo libero
روب يعمل في علوم الكمبيوتر	Rob lavora in campo informatico
طوال الوقت	Sempre
الكمبيوتر	Computer
للكتابة (يكتب ...)	Digitare (digita...)
لوحة المفاتيح	Tastiera
مدير تكنولوجيا المعلومات	Manager informatico
روب يعمل ساعات إضافية كثيرة	Rob fa molte ore di straordinari
انه يعمل كثيرا	Lui lavori troppo
يعمل بكثرة (بيتر يعمل بكثرة)	Sovraccaricarsi (Peter si sta sovraccaricando)

Storia 4: Vita di una famiglia normale

Aline ha tredici anni. È una **studentessa**. Ama scrivere. Sua madre le regala un **diario**. Lì ci scrive i suoi **pensieri**. **Lo conserva** in un **cassetto**.

Dal lunedì al venerdì, **Aline si sveglia** alle sei e mezza ogni mattina. **Fa una doccia**. Di mercoledì, **si lava i capelli**. **Si pulisce le orecchie**. **Si lava i denti**. Si taglia le **unghie**. Lascia il **bagno** alle sei e quarantacinque. **Si asciuga** con un **asciugamano**. **Si veste e si mette le scarpe**. **Si spazzola i capelli**. Prende il suo **zaino**. Quindi la lascia **camera da letto**.

Alle sette si reca nella **sala da pranzo**. **Fa colazione** con suo padre. Alle sette e un quarto, lascia la casa. Si reca alla **fermata dell'autobus**. Prende l'autobus. Alle sette e quarantacinque arriva a scuola.

La campanella suona alle sette e cinquanta. Gli studenti vanno nelle loro **aule**. Tutti **si siedono** al proprio posto. Le lezioni iniziano. La ricreazione è alle nove e quarantacinque. Le lezioni continuano fino alle dieci. Al mattino le lezioni terminano a mezzogiorno.

Aline si reca in **caffetteria**. Lì consuma il suo **pranzo** con due amiche. Dopodiché, va alla biblioteca della scuola. Prende un posto. Legge, scrive o **fa i suoi compiti.** Qualche volta **si addormenta**.

Nel **pomeriggio**, le lezioni iniziano alle 13:30. Finiscono alle cinque. Aline prende l'autobus. Arriva a casa alle diciotto. **Lascia** la borsa nella sua stanza. Scende e fa uno **spuntino**. Si prende una pausa fino all'arrivo di sua madre.

La famiglia cena intorno alle otto. Poi Aline si toglie le scarpe, **si spoglia** e si lava. Lascia il suo bucato sporco nel **cestino della biancheria**. Si mette il pigiama. Poi **ripassa** le sue lezioni e fa i compiti. Racconta la sua giornata nel suo diario. Verso le 21, va a letto. Legge e si addormenta.

Di sabato, Aline si sveglia alle nove e mezza. È una studentessa diligente. Il sabato mattina termina i compiti **incompleti del giorno prima**. Quindi studia o ripassa le sue lezioni.

Sabato pomeriggio, Aline segue delle lezioni di danza classica. La accompagna lì sua madre. Poi **passa a prendere Aline** alle quattro.

Domenica, Aline svolge alcune attività con la sua famiglia. Stanno a casa o escono.

La sorella maggiore di Aline è Leslie. Ha venticinque anni. È una **giovane laureata. Leslie è disoccupata**. Vive con i suoi genitori. Ama **trascorrere il tempo** con i suoi amici. Le piace **spettegolare** assieme ad un'amica. Anche lei ama il **trucco**.

Ogni mattina Leslie si sveglia alle dieci. Si prepara e esce di casa. **Chiude la porta a chiave**. Si reca al garage di casa. Lì indossa **casco per la motocicletta. La mette in moto** e se ne va.

Leslie ha un lavoro temporaneo. È una **cameriera** in un piccolo ristorante. **Lavora part-time**. Alle dieci e venti, arriva al ristorante. Prende un caffè e mangia **pane e burro**. Quindi indossa la sua **uniforme da cameriera.** Inizia quindi a lavorare.

Quentin è un **cliente abituale** del ristorante. **Sta facendo la corte a Leslie**. Ogni giorno, Quentin dà a Leslie una **generosa mancia**. La ragazza si sente a **disagio**.

All'una fa una pausa di quindici minuti. **Fa uno spuntino** e continua i suoi servizi. **Leslie non mangia molto.** Ha paura di **ingrassare. È tutta pelle e ossa.**

Alle sei Leslie finisce il suo turno. Alle sei e mezza, si riunisce con le sue amiche in un bar.

Il venerdì sera, Leslie e le sue amiche vanno in **discoteca**. Torna all'una del mattino. A volte dorme a casa sua una sua amica. Il sabato mattina, Leslie è **esausta**. **Dorme fino a tardi**. Leslie si sveglia verso mezzogiorno. Pranza. Nel pomeriggio, guarda le telenovele o va al cinema con le sue amiche.

Il nome della madre di Leslie e Aline è Stephy. È un'**insegnante** di scuola elementare. Stephy ama i bambini e il suo lavoro. Ogni sera prepara le lezioni per il giorno successivo. Dopo gli esami, a volte, **rimane in piedi fino a tardi. Corregge i compiti in classe dei suoi studenti**. Stephy conosce tutti i loro nomi. Il mercoledì pomeriggio **non c'è scuola**. Così **lei ha del tempo libero**.

Il marito di Stephy si chiama Rob. **Lavora in campo informatica.** Rob è uno sviluppatore. Lavora in un ufficio. È **sempre** seduto di fronte a un **computer**. **Digita** linee di codice sulla **tastiera**. Rob è anche responsabile della manutenzione dei computer sul posto di lavoro. Lui è un **manager informatico. Rob fa molte ore di straordinari.** Aline ritiene che **lui lavori troppo.** Aline teme che suo padre **si stia sovraccaricando.**

القصة 5: السفر والسياحة والعطلات

إنه الصيف وهو موسم الأعياد. (نيكولاس) **يخطط لرحلة** مع عائلته. فذهب إلى **وكالة السفر**. ورحب به **وكيل السفر**:
- مرحبا يا سيدي. ماذا يمكنني أن أفعل لك؟
- مرحبا، أود أن **شراء تذاكر الطائرة** إلى باريس، من فضلك.
- متى ستغادر؟
- **الجمعة القادمة**.
- كم عدد التذاكر التي تريد شرائها؟
- أحتاج أربع تذاكر طائرة لشخصين بالغين وطفلين.
نيكولاس يحصل على التذاكر **ويذهب إلى المنزل**. يقوم بارسال بريداً إلكترونياً إلى (سيد) لتأكيد **رحلته**. وسيد هو شقيق نيكولاس. سيد يعيش في فرنسا. أطفال نيكولاس -- شانيل وتشارلي -- سعداء. هذه هي المرة الأولى التي يذهبون فيها إلى فرنسا. جيني - زوجة نيكولاس - شكرته. و **اعطته قبلة على خده**.

الخميس، جيني تعد **الأمتعة**. نيكولاس يتحقق من جوازات سفر الجميع. ويضع جواز سفره وجوازات سفر الأطفال في حقيبته.

صباح الجمعة، جيني تشتري هدية صغيرة لمارتن. ومارتن هو **ابن أخ زوجها**. إنه ابن سيد.

في الساعة التاسعة عشرة، (نيكولاس)، (جيني) و(إيفان) - سائقهم - **يحمّلون الأمتعة في السيارة**. في الساعة التاسعة عشرة والنصف، الجميع يركب في السيارة. ويغادرون إلى المطار. في الساعة الثامنة يصلون إلى موقف السيارات. وفي المطار يضع نيكولاس الأمتعة في **عربة**.

نيكولاس، جيني، والأطفال يذهبون إلى **مكتب التسجيل لتسجيل** وصولهم. يتم فحص الركاب والتذاكر. كما يتم **وزن الحقائب**. ثم يتم إرسال الأمتعة إلى **حامل الأمتعة في** الطائرة. الجميع يأخذ **بطاقة الصعود إلى الطائرة**. (نيكولاس) وعائلته يُقدّموا لبوابة **صعودهم** إلى الطائرة. ويجتازون **الجمارك**.

ينتظرون وقت الصعود في غرفة الانتظار. في الساعة الثانية والعشرين والنصف، **يصعد الركاب** على متن الطائرة، تقوم **المضيفات** بتحية الركاب. تبتسم **المضيفة لـ**(شانيل) و(تشارلي). و يجلس الجميع في **مقعده**. يربط الركاب **حزام الأمان**. ثم **تقلع** الطائرة.

تصل الطائرة في حوالي الساعة السابعة صباحاً. **تهبط** الطائرة. ويغادر نيكولاس وعائلته الطائرة. المضيفات يرحبون بهم في فرنسا. نيكولاس وعائلته يأخذون أمتعتهم من **مكان**

استلامها. و يذهب سيد لأخذ العائلة إلى المطار. إنه سعيد برؤيتهم مرة أخرى. شانيل وتشارلي لا يتذكران عمهما سيد. فيقدم نيكولاس شقيقه لأولاده.

تُحمل الأمتعة في سيارة سيد. وبعد نصف ساعة بالسيارة، يصلون إلى منزل سيد. منزل سيد هو منزل كبير لطيف. ويستمر نيكولاس وعائلته في باريس لمدة أسبوع. **يقيمون مع** سيد خلال إقامتهم في باريس. سينثيا ومارتن قاموا بتحية المسافرين على **عتبة الباب**. سينثيا هي زوجة سيد. ـويرشدونهم الى مكان استراحتهمـ غرفة (نيكولاس) و(جيني) في **الطابق الأول**. وبينما تقع غرفة شانيل وتشارلي **بالقرب** من غرفة والديهما.

تقدم سينثيا وجبة الإفطار. يشرب الأطفال الشوكولاتة الساخنة ويأكلون الكورساون. يشرب الكبار الشاي ويأكلون خبز الجبن. **شبع الأطفال** وأصبحوا **متعَبين**. يغفو تشارلي على **الأريكة في غرفة المعيشة**. وتأخذه جيني بين ذراعيها إلى غرفته وتضعه على السرير. تقوم جيني بخلع حذاء ابنها. **وتغطيه بملاءة**. شانيل **تتثاءب**. فهي تريد النوم أيضاً. لذا تذهب إلى غرفتها وتنام بالقرب من أخيها.

يأخذ والدها قيلولة في الغرفة المجاورة. وتأخذ جيني حمام في حوض الاستحمام. تقوم بغسل سينثيا الصحون. و يذهب سيد إلى العمل. مارتن يلعب ألعاب الفيديو.

جيني تنهي حمامها وترتدي فساتين مريح. ثم ترافق (سينثيا) **للقيام بالتسوق**. المرأتان تخبران بعضهما البعض بحياتهما كأمهات وبعد ساعة ونصف، **يعودان إلى المنزل. ليقوموا بطبخ الغداء.**

شانيل وتشارلي يستيقظان. يلعب تشارلي ألعاب الفيديو مع ابن عمه مارتن. و تريد شانيل أيضا أن تلعب معهم. لكن (تشارلي) يرفض ذلك. وتصر شانيل على اللعب ولكن الصبيين لا يرغبون بذلك. **شانيل حزينة.**

خرجت **ومشيت في الفناء** الكبير للمنزل. و رأت **حمام سباحة** في المنزل, فسألت والدتها إذا كانت تستطيع **السباحة**. لكن (جيني) لا تزال **مشغولة**. شانيل لا تستطيع السباحة وحدها **دون إشراف.**

فتذهب شانيل إلى غرفة المعيشة لتشاهد التلفاز. **تتهدت الفتاة الصغيرة. لأنها تشعر بالملل ثم ذهبت إلى النوم مرة أخرى.**

لمدة أسبوع، قام **نيكولاس وعائلته بمشاهدة معالم المدينة** في مدينة باريس.

نيكولاس وعائلته قاموا بشراء **تذاكر القطار** لمدينة مرسيليا. ولكن **لسوء الحظ**، هم متأخرون. **وفقدوا القطار**، فاستقلوا القطار التالي وبعد أربع ساعات، يصلون إلى مرسيليا وقاموا باستئجار **غرفة عائلية** في فندق. اصبح الأطفال جائعون. فطلب نيكولاس الطعام.

41

في اليوم التالي، قام نيكولاس وعائلته بزيارة صديقة جيني. واسمها بيا. زوج (بيا) هو (كلود). كلود غائب. لأنه سافر منذ أسبوع. كلود و بيا لديهم طفلان: فتاة وصبي. (مارين) و(ستيفن) في نفس عمر (شانيل) و(تشارلي). بيا، جيني والأطفال ارتدوا **ملابس السباحة** الخاصة بهم. وذهبوا إلى الشاطئ.

بنى مارين وستيفن قلعة رملية. وكان شانيل يراقب مارين وستيفن. **كانوا يتمازحون مع بعضهم البعض** ويستمتعون كثيراً. شانيل وأخوه لا يلعبان معاً أبداً, وعلاقتهما مختلفة جداً عن العلاقة بين (مارين) و(ستيفن). فمارين وستيفن قريبان من بعضهما. ولكن شانيل وتشارلي ليسا مقربين. ستيفن يقترب من شانيل ويتحدث معه:

- شانيل، هل تريد أن تلعب معي ومع أختي؟

- تريد مني أن ألعب معك؟

- **أنت تجلس هنا ولا تفعل شيئا.**

- أنا أنظر إليك.

- أنت طفل وأنت في إجازة. من المفترض أن تستمتع. أمهاتنا كبيرات في السن لذا يجلسون هناك لا يفعلون شيئاً لأنهم متعبون. إنهم يفضلون الدردشة. تعال انت واستمتع معنا.

- حسناً!

شانيل سعيد للعثور على أصدقاء جدد للعب مع.

Vocabolario

إنه الصيف	È estate
موسم العطلات	Stagione delle vacanze
للتخطيط لرحلة (نيكولاس يخطط لرحلة)	Pianificare un viaggio (Nicholas pianifica un viaggio)
وكالة اسفار	Agenzia di viaggi
وكيل اسفار	Agente turistico
لشراء تذاكر الطائرة	Acquistare biglietti aerei
الجمعة القادمة	Venerdì prossimo
للذهاب إلى المنزل (يذهب إلى المنزل)	Andare a casa (va a casa)
رحلة	Volo
أعطته قبلة على الخد	Gli dà un bacio sulla guancia
الأمتعة	Bagagli
الاستمرار في	Valigetta
ابن شقيق بالزواج	Nipote acquisito
لتحميل الأمتعة (حمل نيكولاس وجيني وإيفان الأمتعة)	Caricare i bagagli (Nicolas, Jenny ed Evan caricano i bagagli)
سيارة	Auto
سائق	Autista
عربة	Trolley
تحقق من العداد	Banco del check in
تحقق من	Check In
حقائب	Valigie
تزن	Pesare
الأمتعة	Stiva
الجميع	Tutti
بطاقة الصعود	Carta d'imbarco
بوابة الصعود	Gate di imbarco
الجمارك	Dogana
الصعود (لوح الركاب)	Imbarcarsi (i passeggeri si imbarcano)

مضيفات الطيران	Assistenti di volo
مضيفة تبتسم	Una hostess sorride
مقعد	Posti
حزام الأمان	Cintura di sicurezza
تقلع	Decollare
الأرض	Atterrare
استلام الأمتعة	Ritiro bagagli
اقامة	Rimangono
عتبة الباب	Porta di casa
الطابق الاول	Primo piano
قريب	Vicino
قدمت سينثيا الإفطار	Cynthia serve la colazione
يشرب الأطفال الشوكولاته الساخنة	I bambini bevono della cioccolata calda
كامل	Sazi
متعب	Stanchi
الأريكة	Divano
غرفة المعيشة	Soggiorno
غطاء	Coprire
ورقة	Lenzuolo
تثاؤب	Sbadiglio
والدهم يأخذ غفوة	Il loro padre fa un pisolino
غرفة مجاورة	Stanza accanto
جيني يأخذ حمام	Jenny fa il bagno
حوض الاستحمام	Vasca da bagno
سينثيا يغسل الصحون	Cynthia lava i piatti
ذهب سيد إلى العمل	Sid va al lavoro
مارتن يلعب ألعاب الفيديو	Martin gioca ai videogame
يقوم بالتسوق	Fare la spesa
يأتون إلى المنزل	Tornano a casa
يطبخون الغداء	Preparano il pranzo
حزينة	Triste
تتمشى	Passeggia

الفناء	Cortile
حمام سباحة	Piscina
السباحة	Nuotare
مشغول	Occupata
إشراف	Supervisione
الفتاة الصغيرة تتنهد	La bambina sospira
انها تشعر بالملل وتغفو مرة أخرى	È annoiata e si addormenta di nuovo
اذهب لمشاهدة معالم المدينة (نيكولاس وأسرته يذهبون لمشاهدة معالم المدينة)	Andare a visitare (Nicholas e la sua famiglia vanno a visitare la città)
تذاكر القطار	Biglietti del treno
لسوء الحظ	Sfortunatamente
إنهم يفتقدون القطار	Perdono il treno
غرفة عائلية	Stanza familiare
ملابس السباحة	Costume da bagno
البحرية وستيفن بناء قلعة الرمال	Marine e Steven costruiscono un castello di sabbia
لإغاظة بعضهم البعض (يضايقون بعضهم البعض)	Prendersi in giro a vicenda (si prendono in giro a vicenda)
أنت جالس لا تفعل شيئًا	Stai lì senza fare nulla

Storia 5: Viaggi, turismo e vacanze

È estate. È la **stagione delle vacanze**. **Nicolas pianifica un viaggio** con la sua famiglia. Va all'**agenzia di viaggi**. Un **agente turistico** lo accoglie:

- Salve signore. Cosa posso fare per lei?
- Salve, vorrei **acquistare dei biglietti aerei** per Parigi, gentilmente.
- Quando parte?
- **Venerdì prossimo**.
- Quanti biglietti desidera acquistare?
- Ho bisogno di quattro biglietti aerei, per due adulti e due bambini.

Nicolas riceve i biglietti e **va a casa**. Invia un'e-mail a Sid per confermare il suo **volo**. Sid è il fratello di Nicolas. Sid vive in Francia. I figli di Nicolas - Chanel e Charlie - sono felici. È la prima volta che vanno in Francia. Jenny - La moglie di Nicolas – lo ringrazia. **Gli dà un bacio sulla guancia**.

Giovedi, Jenny prepara i **bagagli**. Nicolas controlla i passaporti di tutti. Mette il suo e quelli dei bambini nella sua **valigetta**.

Venerdì mattina, Jenny compra un piccolo regalo per Martin. Martin è suo **nipote acquisito**. È il figlio di Sid.

Alle diciannove, **Nicolas, Jenny ed Evan** - il loro **autista** - **caricano i bagagli** nell'**auto**. Alle diciannove e trenta, tutti entrano in macchina. Partono per l'aeroporto. Alle otto, arrivano al parcheggio. Nicolas mette i bagagli in un **carrello**.

Nicolas, Jenny e i bambini vanno al **banco del check-in**. Passaporti e biglietti vengono verificati. Le **valigie** vengono **pesate**. Quindi il bagaglio viene inviato nella **stiva** dell'aereo. **Tutti** prendono la loro **carta d'imbarco**. Nicolas e la sua famiglia si dirigono verso il loro **gate di imbarco**. Passano la **dogana**.

Aspettano l'imbarco nella sala d'attesa. Alle ventidue e trenta, **i passeggeri si imbarcano**. Sull'aereo, gli **assistenti di volo** salutano i passeggeri. Una **hostess sorride** a Chanel e Charlie. Tutti si siedono ai loro **posti**. I passeggeri fissano la **cintura di sicurezza**. L'aereo **decolla**.

L'aereo arriva verso le sette del mattino. L'aereo **atterra**. Nicolas e la sua famiglia lasciano il volo. Gli assistenti li accolgono in Francia. Nicolas e la sua famiglia prendono le valigie dalla zona di **ritiro bagagli**. Sid va a prenderli con la famiglia all'aeroporto. È felice di rivederli. Chanel e Charlie non ricordano lo zio Sid. Nicolas presenta suo fratello ai suoi figli.

Le valigie vengono caricate nella macchina di Sid. Dopo mezz'ora di auto, arrivano a casa di Sid. La casa di Sid è bella e grande. Nicolas e la sua famiglia rimangono a Parigi per una settimana. **Soggiornano** da Sid durante il loro viaggio a Parigi. Cynthia e Martin salutano i viaggiatori **alla porta di casa**. Cynthia è la moglie di Sid. La stanza di Nicholas e Jenny è al **primo piano**. La stanza di Chanel e Charlie è **vicino** alla stanza dei genitori.

Cynthia serve la colazione. I bambini bevono della cioccolata calda e mangiano dei croissant. Gli adulti bevono del tè e mangiano pane al formaggio. I bambini sono **sazi**. E anche **stanchi**. Charlie si addormenta sul **divano** in **soggiorno**. Jenny lo prende tra le sue braccia. Lo porta nella sua stanza. Lo lascia sul letto. Jenny toglie le scarpe a suo figlio. **Lo copre** con un **lenzuolo**. Chanel fa uno **sbadiglio**. Vuole dormire anche lei. Va nella sua stanza e dorme vicino a suo fratello.

Il loro padre fa un pisolino nella **stanza accanto. Jenny fa il bagno** nella **vasca da bagno. Cynthia lava i piatti. Sid va al lavoro. Martin gioca ai videogame.**

Jenny finisce di fare il bagno e si veste comodamente. Quindi accompagna Cynthia a **fare la spesa**. Le due donne si raccontano la loro vita da madri. Un'ora e mezza dopo, **tornano a casa. Preparano il pranzo.**

Chanel e Charlie si svegliano. Charlie gioca ai videogame con suo cugino Martin. Chanel vuole anche lei giocare con loro. Ma Charlie non vuole. Chanel insiste ma i due ragazzi dicono di no. Chanel è **triste**.

Lei esce e **passeggia** nel grande **cortile** della casa. Vede la **piscina** della casa. Chiede a sua madre se può **nuotare**. Ma Jenny è ancora **occupata**. Chanel non sa nuotare da sola senza nessuna **supervisione**.

Chanel va in soggiorno. Guarda la televisione. **La bambina sospira**. **È annoiata e si addormenta di nuovo.**

Per una settimana, **Nicolas e la sua famiglia vanno a visitare** la città di Parigi.

Nicolas e la sua famiglia comprano i **biglietti del treno** per la città di Marsiglia. **Sfortunatamente,** sono in ritardo. **Perdono il treno.** Prendono quello successivo. Quattro ore dopo, arrivano a Marsiglia. Affittano una **stanza familiare** in un hotel. I bambini hanno fame. Nicolas ordina da mangiare.

Il giorno dopo, Nicolas e la sua famiglia visitano un'amica di Jenny. Il suo nome è Bea. Il marito di Bea si chiama Claude. Claude è assente. Ha viaggiato per una settimana. Claude e Bea hanno due figli: un maschietto e una femminuccia. Marine e Steven hanno circa la stessa età di Chanel e Charlie. Bea, Jenny e i ragazzi indossano il loro **costume da bagno**. Stanno andando al mare.

Marine e Steven costruiscono un castello di sabbia. Chanel osserva Marine e Steven. **Si prendono in giro a vicenda** e si divertono molto. Chanel e suo fratello non giocano mai insieme. La loro relazione è così diversa da quella tra Marine e Steven. Marine e Steven sono intimi. Chanel e Charlie non lo sono quanto loro. Steven si avvicina a Chanel e gli parla:

- Chanel, vuoi giocare con me e mia sorella?
- Vuoi che io giochi con te?
- **Stai lì senza fare nulla.**
- Vi sto guardando.
- Sei una bambina e sei in vacanza. Dovresti divertirti. Le nostre mamme sono grandi. Stanno sedute lì a fare niente, perché sono stanche. Preferiscono chiaccherare. Vieni e divertiti con noi.
- Va bene!

Chanel è felice di trovare nuovi amici con cui giocare.

القصة 6: المهن

تعمل جوليا **كخادمة** في منزل كل صباح، من الاثنين إلى السبت، تبدأ العمل في السابعة والنصف. حيث تُعد فطور العائلة وتضع الماء في **قدر وتضيء موقد الغاز لتسخين** الماء, وتشتري الخبز والكعك عند عودتها. **الماء يغلي** حيث تصنع جوليا الشاي ثم تضع الشاي في الترمس وتقوم بتسخين **الحليب.**

تقوم جوليا بإعداد المائدة. ووضع الأرغفة والزبدة **والسكر** وجرة **المربى** والكعك والشاي والحليب وسلة **فاكهة** على الطاولة. **تحتوي سلة الفاكهة** على الموز **والعنب والتفاح.** ثم تقوم بوضع **الصحون** على الطاولة, تضع الأكواب على الصحون ثم **المناديل** بالقرب من الأكواب. ثم تضع **الملاعق والشوك والسكاكين** على المناديل. و تقدم وجبة الإفطار.

تتناول العائلة الفطور. ثم يذهب البالغون إلى العمل، ويذهب الأطفال إلى المدرسة، ويتوجه الشباب للدراسة. **فتقوم جوليا بتنظيف المائدة** وكذلك الأطباق.

تقوم جوليا بالتسوق حيث تشتري الخيار والطماطم والخل و **الثوم** والذرة **والزيت واللحوم الباردة** والجبن والليمون والمعكرونة **والملح.** تقوم جوليا بتقطيع الجبن واللحوم الباردة **والخضروات** في مكعبات صغيرة. **وتقطع الثوم** لتطبخ المعكرونة. انها تعد صلصة الفيناجريت. ثم **تمزج** كل شيء في **وعاء السلطة.** وتضع سلطة المعكرونة في **الثلاجة.** وتقوم بصنع **عصير الليمون** ثم تضعه في الثلاجة.

تنظف أرضية الغرف في المنزل **بالمكنسة العادية** ثم باستخدام **المكنسة الكهربائية.** وتنفض الغبار عن **الأثاث. ترتب السرير** في غرفة الأطفال. وتغسل **الحوض** وحوض الاستحمام ومرآة الحمام والمرحاض. وتغسل **البلاط وتروي النباتات,** وتغسل أجزاء **نافذة المنزل.** ثم تغسل (جوليا) يديها.

في الحادية عشرة والنصف، **تحضّر جوليا الطاولة.** ويصل الأطفال إلى المنزل حوالي الظهر. يأكلون سلطة المعكرونة التي أعدتها جوليا. ثم يعودون إلى المدرسة. تقوم جوليا بمسح الطاولة و غسل الصحون.

في فترة ما بعد الظهر، تقوم **جوليا بوضع الغسيل في الغسالة.** ثم تنشره. **وتكوي الملابس الجافة,** و تعود إلى المنزل في الساعة الرابعة.

جوليا **أرملة** لسنوات وهي ليست متزوجة، وليس لديها أطفال. لكن لديها ابنة أخت اسمها كاثي. وكاثي تعيش مع جوليا. كاثي يتيمة منذ أن كانت مراهقة وهي فتاة ساحرة وذكية ولطيفة وتحب جوليا كأم. فالاثنتان قريبتان جداً.

كاثي تعمل **كسكرتيرة تنفيذية**. من الاثنين إلى الجمعة، تستيقظ في السادسة والنصف. وتستعد لتصل إلى العمل في الساعة 75. رئيسها -- جورج -- يصل دائما إلى **المكتب** حوالي الساعة التاسعة والنصف في الصباح. جورج هو **مدير** الشركة. عندما يصل إلى المكتب، تُعد كاثي القهوة له. وأحياناً يأكل (جورج) الكعك مع قهوته.

ثم تذكره كاثي بالمهام التي يتعين القيام بها خلال اليوم. كاثي تخطط للمهام. و تنظم الاجتماعات. و **تدون الملاحظات** خلال **اجتماعات** جورج مع الزملاء أو الشركاء لدى الشركة. ثم **تكتب تقرير** الاجتماعات. وعندما يذهب جورج في **رحلة عمل، يسجل** الاجتماعات من خلال هاتفه الذكي. ثم يرسل جورج الملفات الصوتية عن طريق **البريد الإلكتروني**. فتستقبلهم كاثي ثم تقوم بتدوين **الملفات** حيث تستمع إلى الاجتماعات وتكتب التقارير.

كما تجيب كاثي على **المكالمات الهاتفية** وتقوم بتسجيل أسماء ورسائل الأشخاص المتصلين. كما انها تجري أيضا الاتصالات بالعملاء.

كاثي هي المسؤولة عن جميع المهام الإدارية. وجورج راض عن خدمات كاثي. فهي مسؤولة جادة وماهرة ولديها **مهارات استماع** كبيرة. تحصل في كثير من الأحيان على **مكافأة** لجودة عملها. وبعد عامين من الخدمة في الشركة، تحصل كاثي على **زيادة في الأجور**.

للاحتفال بترقيتها، قامت كاثي بدعوة عمتها جوليا لتناول العشاء في المطعم. كما اشترت أيضا **الكعب الجديد وفستان سهرة** جميلة. شكرتهاجوليا على كرمها. و في الأسبوع التالي، أعدت جوليا الطبق المفضل لكاثي لشكرها. وتمنت لها جوليا كل النجاح في حياتها المهنية.

اسم شقيق جورج هو جيرارد. جيرارد طبيب يستيقظ كل صباح **مبكراً** ليستعد ويغادر للعمل. جيرارد لديه **مكتبه الطبي**. **يقوم بفحص** المرضى و يكتب **التقارير**.و يدفع المرضى رسوم الاستشارة الطبية.

المرضى يشترون الأدوية من **الصيدلية**.

ليلى **ممرضة** تقوم بمساعدة الدكتور جيرارد.

Vocabolario

التجارة (الوظائف)	Mestiere(i)
عاملة نظافة	Colf
قدر	Casseruola
موقد غاز	Fornello a gas
يسخن	Riscaldare
المياه تغلي	L'acqua sta bollendo
حليب	Latte
جوليا تنظم الطاولة	Julia prepara la tavola
السكر	Zucchero
مربى	Marmellata
تحتوي (تحتوي سلة الفاكهة ...)	Contenere (il cesto di frutta contiene...)
عنب	Uva
تفاحة / تفاح	Mela(e)
الصحن	Piattino(i)
كآس / كؤوس	Tazza(e)
منديل	Tovagliolo(i)
ملاعق	Cucchiai
شوك	Forchette
سكاكين / سكين	Coltelli/coltello
جوليا تنظف الطاولة	Julia sparecchia la tavola
القرنفل والثوم	Spicchio d'aglio
الزيت	Olio
لحم	Carne
لحمة باردة	Salumi
ملح	Sale
خضروات)	Verdure
انها تقطع الثوم	Lei taglia l'aglio a pezzi
تخلط (يمزج جوليا ...)	Mescolare (Julia mescola ...)
صحن سلطة	Insalatiera

ثلاجة	Frigorifero
عصير ليمون	Succo di limone
لينظف (تنظف)	Pulire (pulisce)
أرضية	Pavimento
غرف (غرف)	Camera(e)
مكنسة عادية	Scopa
مكنسة كهربائية	Passa l'aspirapolvere in casa
ينفض التراب (ينفض الغبار ...)	Spolverare (lei spolvera ...)
أثاث المنزل	Mobili
انها ترتب السرير	Lei fa il letto
يغسل	Lavabo
البلاط)	Piastrella(e)
المعهد الموسيقي	Veranda
انها تسقي الزهور	Innaffia i fiori
جزء (أجزاء) النافذة	Pannelli di vetro
جوليا تنظم الطاولة	Julia apparecchia la tavola
للقيام بالغسيل (تغسل)	Fare il bucato (lei fa il bucato)
غسالة	Lavatrice
تنشر الغسيل	Lei stende il bucato
تكوي	Stira
جاف	Asciutto
أرملة	Vedova
سكرتير تنفيذي مساعد	Assistente esecutivo segretario esecutivo
مكتب	Ufficio
مدير	Manager
هي تدون الملاحظات	Prende appunti
الاجتماع (الاجتماعات)	Meeting
تكتب	Lei scrive
تقرير	Verbale

رحلة عمل	Viaggio di lavoro
انه يسجل	Lui registra
البريد الإلكتروني	E-mail
ملف (ملفات)	File
اتصالات هاتفية	Telefonate (Chiamate Telefoniche)
مهرات الأصغاء	Capacità di ascolto
علاوة	Bonus
مع	Con
يدفع تبرعات	Aumento di stipendio
الكعب	Scarpe col tacco
فستان السهرة	Abito da sera
مبكرا	Presto
مكتب طبي	Studio medico
لفحص (هو يفحص ...)	Esaminare (egli esamina ...)
وصفة طبية	Ricetta
رسوم	Tassa
مقابل	Farmacia
ممرضة	Infermiera

Storia 6: I mestieri

Julia lavora come **colf** in una casa. Ogni mattina, dal lunedì al
sabato, inizia a lavorare alle sette e trenta. Prepara la colazione di
famiglia. Mette l'acqua in una **casseruola**. Accende il **fornello a gas
per riscaldare** l'acqua. Compra pane e focacce. Al suo ritorno,
l'acqua sta bollendo. Julia prepara il tè. Quindi lo mette in un
thermos. Poi scalda il **latte**.

Julia prepara la tavola. Mette le gallette, il burro, lo **zucchero**, un
barattolo di **marmellata**, i panini, il tè, il latte e un **cesto di frutta**
sul tavolo. **Il cesto di frutta contiene** banane, **uva** e **mele**. Colloca i
piattini sul tavolo. Mette le **tazze** sui piattini. Posiziona i **tovaglioli**
vicino alle tazze. Quindi **cucchiai**, **forchette,** e **coltelli** su di essi. La
colazione è servita.

La famiglia fa colazione. Gli adulti vanno a lavoro, i bambini a
scuola e i giovani a studiare. **Julia sparecchia la tavola** e lava i
piatti.

Julia fa la spesa. Compra cetrioli, pomodori, aceto, **aglio**, mais, **olio**,
salumi, formaggio, limone, pasta e **sale**. Julia taglia il formaggio, i
salumi e le **verdure** in piccoli cubetti. **Taglia lo spicchio
d'aglio**. Cuoce la pasta. Poi prepara una salsa vinaigrette. **Julia
mescola** tutto in una **insalatiera**. Mette quindi l'insalata di pasta nel
frigorifero. Julia poi prepara un **succo di limone**. Lo mette nel
frigorifero.

Pulisce il **pavimento** delle **camere** in casa con una **scopa**. Poi **passa
l'aspirapolvere**. **Spolvera i mobili**. **Fa il letto** nella stanza del
bambino. Pulisce il **lavello**, la vasca da bagno e lo specchio
doccia. Lavando il bagno. Lava le **piastrelle** della **veranda**. **Innaffia
i fiori** e lava i **pannelli di vetro** della casa. Poi si lava le mani.

Alle undici e mezza **Julia apparecchia la tavola.** I bambini arrivano
a casa verso mezzogiorno. Mangiano l'insalata di pasta preparata da
Julia. Poi tornano a scuola. Julia sparecchia la tavola e lava i piatti.

Nel pomeriggio, **Julia fa il bucato** con la **lavatrice**. Poi lo **stende**. **Stira** i vestiti **asciutti**. Julia torna a casa alle quattro.

Julia è **vedova** da anni. Non è sposata e non ha figli. Ma ha una nipote di nome Cathy. Vive con Julia. Cathy è orfana da quando era adolescente. È bella, intelligente e gentile. Ama Julia come una madre. Le due donne sono molto vicine.

Cathy lavora come **segretaria esecutiva**. Dal lunedì al venerdì, si sveglia alle sei e mezza. Si prepara e arriva al lavoro alle sette e cinquanta. Il suo capo, George, arriva sempre in **ufficio** verso le nove e mezza del mattino. George è il **manager** della società. Quando arriva in ufficio, Cathy gli prepara il caffè. A volte George accompagna il caffè con un muffin.

Quindi Cathy gli ricorda le cose da fare durante il giorno. Cathy pianifica i compiti. Organizza gli incontri. **Prende appunti** durante i **meeting** di George con colleghi o soci dell'azienda. Poi **scrive** il **verbale** degli incontri. Quando George fa qualche **viaggio di lavoro**, **registra** gli incontri con il suo smartphone. George invia i file audio via **e-mail**. Cathy li riceve. Quindi fa la trascrizione del **file**. Ascolta le riunioni e scrive relazioni.

Cathy risponde alle **chiamate telefoniche**. Registra i nomi e i messaggi delle persone che chiamano. Cathy contatta anche i clienti.

Cathy è responsabile di tutti i compiti amministrativi. George è soddisfatto del suo servizio. È responsabile, seria, competente ed ha una grande **capacità di ascolto**. Spesso riceve dei **bonus** per la qualità del suo lavoro. Dopo due anni di servizio **con** la compagnia, Cathy ottiene un **aumento di stipendio**.

Per celebrare la sua promozione, Cathy invita la zia Julia a cenare al ristorante. Cathy compra anche nuove **scarpe col tacco** e un bell'**abito da sera**. Julia la ringrazia per la sua generosità. La settimana seguente, Julia prepara il piatto preferito di Cathy per ringraziarla. Julia le augura ogni successo nella sua carriera.

Il nome del fratello di George è Gerard. È un dottore. Ogni mattina, si sveglia **presto**. Si prepara e si mette al lavoro. Gerard ha il suo **studio medico**. **Lui esamina** i pazienti. Lui scrive le **ricette**. I pazienti pagano una **tassa** per la visita medica.

I pazienti comprano i farmaci in **farmacia**.

Lilly è un'**infermiera**. Aiuta il dott. Gerard.

قصة 7: حفل زفاف

آدم وباربرا معا لمدة ست سنوات. في عيد ميلاد باربرا، يدعوها آدم لتناول العشاء في منزله. وفي **نهاية العشاء، طلب آدم يدها. تمت خطبة كلا من (باربرا) و(آدم) وقامت باربرا بإخبار** عائلتها.

استعدا آدم وباربرا **لزفافهما, وحددوا موعداً لحفل الزفاف**: وقاموا بإختيار يوم الذكرى السنوية **لاجتماعهم الأول**. قام آدم وباربرا بحساب ميزانية الزفاف. **فهم يريدون أن يكون كل شيء مثالياً في يومهم الكبير.**

أعدَّ آدم وباربرا قائمة الاستعدادات لحفل الزفاف:
- **ثوب الزفاف.**
- تسريحة الشعر وإكسسوارات العروس: **الحجاب** والأحذية والمكياج والمجوهرات للعروس.
- **بدلة العريس.**
- **خواتم الزفاف.**
- **منظم الزفاف**
- **شهود زفاف** العروس وشهود العريس
- **فساتين وصيفات الشرف**
- **أزياء السّابة**
- **قائمة الضيوف**
- **بطاقات الدعوة**
- النقل
- **باقة العروس والزهور**
- **حفل الزفاف**
- زخرفة الكنيسة
- **إفطار الزفاف**
- **المشروبات**
- **كعكة الزفاف**
- **تمثال الزوجين**
- قاعة الاستقبال
- **ديكور الغرفة**
- مخطط الجلوس
- الأوركسترا وفارس الأسطوانات للرسوم المتحركة
- الأغنية الافتتاحية
- الرقصة الافتتاحية
- المصور والمصور السنيمائي

بدأ آدم وباربرا **الاستعدادات قبل الزفاف**. استأجرت باربرا سوزي كمنظمة للزفاف.

قام الخياط بإعداد فستان الزفاف لباربرا. الخياط هو بروك، وباربرا تبين له موديل الفستان.

يطلب آدم من ابن عمه ريتشارد أن يكون شاهده. السّابة هم أخ (آدم) الصغير وابن عمّه الصغير, بينما وصيفات الشرف هما شقيقتا (باربرا) الصغيرتان (أديلين), عمة (باربرا) هي شاهدة زفافها.

تكتب باربرا نص الدعوة لحفل الزفاف:

"يسر آدم وباربرا أن يدعواك إلى حفل زفافهما يوم السبت 21 فبراير 2009 في الساعة 11 صباحًا في كنيسة القديس يوحنا.   كما يسرنا أن ندعوكم لتناول الغداء في إسباس دي كولومبس بعد الحفل.

شكرا لكم و يرجى تأكيد حضوركم قبل 15 فبراير."

قامت باربرا بإعطاء النص لسوزي. **فطبعت** (سوزي) **إعلان الزفاف.** وكتبت أسماء الضيوف على بطاقات الدعوة. وأرسلتها (باربرا) إلى **الضيوف.**

أخذ آدم وباربرا دروس الرقص لحفل زفافهما.

وفي يوم زفافها، استيقظت باربرا في السادسة صباحاً. **وأخذت حمامًا جميلاً.** ووصل كلا من الماكير **ومصففة الشعر** إلى منزلها.
خرجت باربرا من حمامها وجففت نفسها. واستعدت لترتدي فستانها الأبيض. وبدأ الماكير في الماكياج. ورتبت مصففة الشعر شعرها. وارتدت باربرا قلادتها **وأقراطها.**

في الساعة التاسعة, أصبحت باربرا مستعدة. قام المصور بإلتقاط صورا للعروس الجميلة. وجاءت عربة العروس باربرا في التاسعة والنصف. ثم وصلت إلى **الكنيسة** في العاشرة والنصف. وملأ الضيوف **مقاعد** الكنيسة **شيئاً فشيئاً.**

في العاشرة والخمسين دقيقة، **وقف** آدم أمام **المذبح.** وفي الساعة الحادية عشرة، قام عازف الأرغن بعزف اللحن. يدخل السّابة ووصيفات الشرف. ثم ينهض الجمهور. يدخل والد العروس ليرافقها إلى المذبح. وتنضم باربرا إلى زوجها المستقبلي أمام المذبح. ثم جلس الجمهور. وبدأ الكاهن المراسم.

اصبح كلا من آدم وباربرا الآن زوج وزوجة. قام عازف الأرغن **بمسيرة الزفاف.** وغادر المتزوجان الكنيسة وقام الضيوف بتهنئتهم.

يصل **العروسان الجديدان** والضيوف إلى إسباس دي كولومبس حوالي الثانية عشرة والنصف. توجه الضيوف إلى مقاعد الجلوس وجلسوا. وبدأ آدم وباربرا الرقص على الأغنية الافتتاحية لحفل زفافهما. ثم تم تشغيل الأغنية الافتتاحية للمرة الثانية. ورقص الضيوف مع العروس والعريس.

وفي حوالي الساعة الرابعة، قام العروس والعريس بقطع الكعكة. وفتح **زجاجة شمبانيا** للضيوف, والتقط آدم وباربرا الصور مع مجموعات الضيوف.

وفي الخامسة والنصف، **ألقى العروس باقة الورد**. وامسكت عمة آدم بالباقة. قدم الضيوف هدايا الزفاف للعروسين. و انتهت الحفلة حوالي الساعة السابعة. تمنى الضيوف حياة زوجية جيدة وسعيدة لباربرا وآدم. وقضى الزوجان ليلة زفافهم في غرفة فندقية. وبدأوا مرحلة جديدة في حياتهم.

في اليوم التالي، ذهبوا لقضاء **شهر العسل**. واستقلوا الطائرة إلى **موريشيوس**. واستأجروا **جناح زفافهم في فندق فاخر.**
أصبحت (باربرا) مسمرة على الشاطئ. كانت تغفو بينما **يسبح آدم في البحر.**

ثم يلتقي الزوجان الجديدان بزوجين آخرين: ميشيل وجيسيكا. ميشيل وجيسيكا أيضا في شهر العسل. وجيسيكا هي زميلة قديمة لباربرا. ويعيش الزوجان في نفس الفندق. **تعرف مايكل وآدم على بعضهم البعض.** وقد تشارك كلا من جيسيكا وباربرا ذكريات الكلية.

في المساء، تناول الزوجان العشاء معاً. **وقضوا وقتًا ممتعًا.**

Vocabolario

آدم و باربرا في علاقة منذ ست سنوات	Adam e Barbara sono stati insieme per sei anni
النهاية	Fine
آدم يطلب منها يدها	Adam le chiede la mano
باربرا وآدم تزوجا	Barbara e Adam si fidanzano
يذيع الأخبار (بربارة تذيع الأخبار)	Dare la notizia (Barbara dà la notizia)
حفل زواج	Matrimonio
يضعون طاولة	Fissano una data
أول لقاء	Primo incontro
انهم يريدون كل شيء ليكون مثاليا في يوم زواجهم	Vogliono che tutto sia perfetto nel loro grande giorno
ثوب الزفاف	Vestito da sposa
تسريحه شعر	Acconciatura
حجاب	Velo
مجوهرات	Gioielli
بدلة	Completo da uomo
خواتم الزفاف	Fedi nuziali
منظم حفلات الزفاف	Wedding planner
شهود العرس	Testimoni di matrimonio
وصيفات الشرف	Damigelle
العريس / رفقاء العريس	Testimoni/Compari
قائمة الضيوف	La lista degli invitati
بطاقات دعوة	Inviti
باقة العروس	Il bouquet della sposa
زهور	Fiori
حفل الزفاف	La cerimonia matrimoniale
إفطار الزفاف	Prima colazione
مشروبات	Bevande
كعكة الزفاف	Torta nuziale
التماثيل للزوجين	Pupazzetti della coppia
صالة استقبال	Sala ricevimenti

الرسم البياني للجلوس	Piantina dei posti a sedere
الاستعدادات قبل الزفاف	Preparativi prima del matrimonio
خياط يعد فستان الزفاف	Una sarta confeziona il vestito da sposa
طباعة	Stampa
إعلان الزفاف	Annuncio di matrimonio
ضيوف	Ospiti
انها تأخذ حمام لطيف	Lei fa un bel bagno
خبيرة تجميل	Truccatore
حلاق	Parrucchiere
الأقراط	Orecchini
كنيسة	Chiesa
المقاعد	Banco/Banchi
شيأ فشيأ	Poco a poco
يقف	In piedi
مذبح	Altare
مسيرة الزفاف	La marcia nuziale
العروسان الجديدان	Gli sposi
زجاجة شمبانيا	Bottiglia di champagne
العروس يلقي باقة ورد	La sposa lancia il bouquet
ليلة الزفاف	Prima notte di nozze
خطوة	Fase
شهر العسل	Luna di miele
موريشيوس	Isole Mauritius
جناح فندقي خاص بالعروسين لقضاء شهر العسل	Suite nuziale
فندق فخم	Hotel di lusso
لون البشرة	Abbronzata
شاطئ بحر	Spiaggia
آدم يسبح في البحر	Adam nuota nel mare
يتعرف ميشيل وآدم على بعضهما البعض	Michael e Adam si conoscono
قضيا وقتا طيبا	Si divertono

Storia 7: Nozze

Adam e Barbara sono stati insieme per sei anni. Al compleanno di Barbara, Adam la invita a cena a casa sua. Alla **fine** della cena, **Adam le chiede la mano. Barbara e Adam si fidanzano. Barbara dà la notizia** alla sua famiglia.

Adam e Barbara stanno preparando le loro **nozze. Fissano una data** per la cerimonia di **matrimonio**: scelgono il giorno dell'anniversario del loro **primo incontro.** Adam e Barbara calcolano il budget del matrimonio. **Vogliono che tutto sia perfetto nel loro grande giorno.**

Adam e Barbara elencano i preparativi per il matrimonio:

- Il **vestito da sposa**
- l'**acconciatura** e gli accessori della sposa: **velo,** scarpe, trucco e **gioielli**
- Il **completo da uomo** dello sposo
- Le **fedi nuziali**
- Il wedding planner
- **Testimoni di nozze** della sposa e dello sposo
- Gli abiti delle **damigelle**
- I costumi dei **testimoni**
- La **lista degli invitati**
- Gli **inviti**
- I trasporti
- Il **bouquet della sposa** e i **fiori**
- La **cerimonia matrimoniale**
- La decorazione della cappella
- La **prima colazione**
- Le **bevande**
- La **torta nuziale**
- I **pupazzetti della coppia**
- La **sala ricevimenti**
- La decorazione della stanza
- La **Piantina dei posti a sedere**
- L'orchestra e il disc jockey per l'animazione

- La canzone di apertura
- Il ballo di apertura
- Il fotografo e il cameraman

Adam e Barbara iniziano i **preparativi prima del matrimonio**. Barbara assume Suzie come wedding planner.

Una sarta confeziona il vestito da sposa per Barbara. La sarta è Brooke. Barbara le mostra il modello del vestito.

Adam chiede a suo cugino Richard di essere il suo testimone. I testimoni dello sposo sono il fratellino di Adam e il cuginetto. Le damigelle d'onore sono le due sorelline di Barbara. Adeline, la zia di Barbara, è la sua testimone di matrimonio.

Barbara scrive il testo dell'invito per il matrimonio:

"Adam e Barbara sono lieti di invitarvi alla loro cerimonia di nozze, sabato 21 febbraio 2009 alle 11, nella cappella di Saint John. Saremo lieti di avervi a pranzo presso l'Espace des Colombes dopo la cerimonia.

Vi chiediamo gentilmente di confermare la vostra presenza entro il 15 febbraio."

Barbara dà il testo a Suzie. Suzie **stampa l'annuncio di matrimonio**. Suzie scrive i nomi degli ospiti sui biglietti d'invito. Barbara invia gli inviti agli **ospiti**.

Adam e Barbara prendono lezioni di danza per il loro matrimonio.

Il giorno delle sue nozze, Barbara si sveglia alle sei del mattino. **Fa un bel bagno.** Il **truccatore** e il **parrucchiere** arrivano a casa sua.

Barbara esce dal bagno e si asciuga. Si prepara. Si mette il vestito bianco. La truccatrice comincia ad applicarle il make-up. Il parrucchiere le sistema i capelli. Barbara indossa collana e **orecchini**. Alle nove in punto è pronta. Il fotografo fotografa la bellissima sposa. La carrozza passa a prendere Barbara alle nove e trenta. Arriva in **Chiesa** alle dieci e trenta. Gli ospiti riempiono le **panchine** della chiesa **poco a poco**.

Alle dieci e cinquanta, Adam è **in piedi** di fronte all'**altare**. Alle undici l'organista suona una melodia. I testimoni dello sposo e le damigelle fanno il loro ingresso. Quindi il pubblico si alza. La sposa sta entrando. Suo padre la accompagna all'altare. Barbara si unisce al suo futuro marito di fronte all'altare. Il pubblico si siede. Il sacerdote inizia la cerimonia.

Adam e Barbara sono ora marito e moglie. L'organista suona **la marcia nuziale**. Gli sposi lasciano la chiesa. Gli ospiti si congratulano con loro.

Gli sposi e gli ospiti arrivano all'Espace des Colombes verso le dodici e mezzo. Gli ospiti guardano la mappa dei posti a sedere e si siedono. Adam e Barbara ballano sulla canzone di apertura del loro matrimonio. La canzone di apertura viene riprodotta una seconda volta. Gli ospiti ballano con gli sposi.

Verso le quattro, la sposa e lo sposo tagliano la torta. Aprono una **bottiglia di champagne**. Gli ospiti applaudono. Adam e Barbara si fanno scattare le foto coi gruppi di ospiti.

Verso le cinque e mezza, **la sposa lancia il bouquet**. Una zia di Adam lo prende. Gli ospiti danno i regali di nozze agli sposi. La festa finisce verso le diciannove. Gli ospiti augurano una buona e felice vita matrimoniale a Barbara e Adam. Gli sposi passano la **prima notte di nozze** in una camera d'albergo. Inizia una nuova **fase** della loro vita.

Il giorno dopo, partono per la **luna di miele**. Precisamente per le **Isole Mauritius**. Affittano la **suite nuziale** in un **hotel di lusso**.

Barbara è **abbronzata** sulla **spiaggia**. Si addormenta. **Adam nuota nel mare**.

Gli sposi incontrano un'altra coppia: Michel e Jessica. Sono anche loro in luna di miele. Jessica è una vecchia compagna di classe di Barbara. Entrambe le coppie soggiornano nello stesso hotel. **Michael e Adam si conoscono.** Jessica e Barbara condividono i ricordi del college.

In serata, le due coppie cenano insieme. **Passano una bella serata.**

القصة 8: المراسلون

معلمة (جودي) الفرنسية تعطيها **تفاصيل** لفتاة صغيرة. هذه الفتاة تعيش في الخارج واسمها فابيان. جودي ارسل لها الرسالة الأولى:

"مرسيليا، 14 يناير 2002

مرحبا فابيان،

اسمي جودي. وأود أن أراسلك. أنا فتاة في الثامنة عشرة من العمر. أعيش

في فرنسا. وأود أن ألتقي بك.

جودي لاروش"

وبعد بضعة أيام، تتلقى جودي جوابا من فابيان.

أنتاناناريفو، 22 يناير/كانون الثاني 2002

مرحبا جودي،

لقد استلمت رسالتك **وأنا سعيد جدا لمقابلتك.** *وأنا سعيد لكوني مراسلتك*

أتمنى لكم سنة جديدة سعيدة. اسمحي لي أن أقدم لنفسي، اسمي فابيان وأنا في التاسعة
عشرة من العمر. **أنا طالبة في كلية الآداب. أدرس اللغة الإنجليزية في الجامعة. وفي**
المرة القادمة، *سأكتب رسالة أطول.* **لانني يجب أن أذهب إلى الصف.**

اتطلع إلى قراءة ردك،

(فابيان) صديقتك الجديدة

"مرسيليا في 1 فبراير 2002

مرحبا فابيان،

رسالتك تعطيني البهجة. فشكرًا لك. **تبدين كفتاة رائعة.** *اسمحي لي أن أقدم لنفسي.*
كما تعلمين، اسمي جودي. أنا في الصف الأول في المدرسة الثانوية. وأنا أعيش مع والديّ.
ولدي أخ كبير. اسمه دينيس ونحن قريبون جدا. (دينيس) تخرج من المدرسة الثانوية العام
الماضي. أنا لا أعرف ما هو **مجال الدراسة** *انه سيختاره. في هذه اللحظة، انه يأخذ* **دروس**
الطبخ. *وهو موهوب.* **دينيس طباخ جيد** *ونحب أن نطبخ الأطباق معاً. إنه أخي الذي يُعد*
الوجبة في المنزل وأنا أساعده. وأنت، هل لديك إخوة وأخوات؟ هل أنت قريب منهم؟

نهارك سعيد

"جودي"

"أنتاناناريفو، 11 فبراير/شباط 2002

مرحبا جودي!

نعم، لدي أخ صغير. اسمه ناثان. يبلغ من العمر ثماني سنوات وهو في المدرسة الابتدائية. إنه يحب كرة القدم **لكنه جامح قليلاً**. أنا لا أقضي الكثير من الوقت مع (ناثان) **كما ترين**، فنحن **يفصلنا أحد عشر عاماً**. لكنني **أحبه وأعتني به** عندما يكون الوالدان خارجًا. أنتِ تحبين أخاك كثيراً. فأنتِ تتحدث كثيراً عنه. تعجبني علاقتك بأخيك بالإضافة إلى أنه يحب الطبخ لعائلته وأنت، ما هو شغفك؟ أخبريني أكثر عنك.

فابيان."

"مرسيليا، 16 فبراير 2002

مرحبا فابيان،

شغفي؟ لا أعرف... **في الوقت الراهن، هدفي هو الانتهاء من المدرسة الثانوية**. لقد رسبت مرة في المدرسة المتوسطة ومرة في المدرسة الثانوية أنا لا أهمل دراستي. لكنني **فقط يجب** أن أعمل بجد للنجاح في دراستي.

أراك لاحقًا. إنها السادسة مساءً في المنزل **سأذهب للنوم**. لا أشعر أنني **بخير فلدي الإنفلونزا**. وسوف **تأخذني أمي إلى الطبيب غداً**. **ولحسن الحظ**، انه يوم الجمعة. يمكنني أن أرتاح.

"جودي"

"أنتاناناريفو، 25 فبراير/شباط 2002

مرحبا جودي،

أتمنى أن تشعرين بتحسن قريباً. إنه الخامس والعشرون من فبراير آمل أن تكوني قد شفيتِ منذ الرسالة الأخيرة تمنى لي **حظًا سعيدًا**. أنا أستعد للامتحانات الآن.

أراك لاحقًا

فابيان."

"باريس، 1 مارس 2002

مرحبا فابيان،

نعم، أنا شفيت بالفعل. إنها الإجازات. أكتب إليك من مدينة باريس. فانا أزور قريبتي ميلاني. إنها تعيش في باريس حيث **تستأجر شقة** وهي طالبة في اللغة الإنجليزية، مثلك. سأعود إلى مرسيليا في 7 مارس. لا يزال لدي الكثير من واجبات العطلة لإنهائها للعام الدراسي. حظًا موفقًا بامتحاناتك!

"جودي"

"مرسيليا، 15 أبريل 2002"

مرحبا فابيان،

لقد مر وقت طويل منذ أن كتبتِ. أتمنى أن تكونِ بخير. أرسل لك هذه الرسالة **لأسأل عنك**.

"جودي"

"أنتاناناريفو، 23 أبريل/نيسان 2002"

مرحبا جودي،

أنا آسفة على هذا الصمت الطويل. في الآونة الأخيرة ، **لم يكن لدي مِزاج للكتابة**. فقد حدَثَ حدث مؤسف. شقيق والدي الأكبر **مات**. لقد كان عمي المفضل. كنت مشغولةً جدًا **بالجنازة** وفي الوقت نفسه، أخذت أيضاً الامتحانات. على أي حال، **أشكرك على رسالتك. وشكرًا لقلقك بشأني. هذا يجعل قلبي يشعر بالدفء** أنتِ صديقتي حقًا. أتمنى أن تكونِ بخير.

عناقات،

فابيان.

"مرسيليا، 27 نيسان/أبريل 2002"

عزيزتي فابيان،

أبعث لك بخالص التعازي لكِ ولعائلتكم. **لدي امتحان رياضيات غداً**. وأنا أراجع. دينيس غائب **وأنا أفتقده**. المنزل يبدوا هادئ قليلاً. هل اجتزت امتحاناتك؟

أراك لاحقًا!

"جودي"

"أنتاناناريفو، 1 مايو 2002
عزيزتي جودي,
إنه **يوم عيد العمال**. أنا آخذ هذه **العُطلة** لأكتب لك. لقد اجتزت امتحاناتي وحصلت على شهادتي، ووالداي سعيدان جداً. متى يحين عيد ميلادك؟ عيد ميلادي في السادس من سبتمبر **أرفق صورة لي بهذه الرسالة.**
أراك لاحقًا

فابيان."

مرسيليا، 7 مايو 2002

مرحبا فابيان،

أنت **جميلة** في الصورة. يعجبني **فستانك** وبلوزتك معذرة. لم أرسل لك صورتي. أنا **خجولة** قليلاً, ولست من هواة الصور. سأرسل لك صورة كلبي. هذه هي المرة الأولى التي أخبرك عنه، إنه في **اللفة**. اسمه كوتون. إنه **لطيف** جداً. هل وُلِدتِ في السادس من سبتمبر؟ سأسجل هذا التاريخ في **تقويمي**. وسأشتري لك هدية في عيد ميلادك. ما هو لونك المفضل؟ لوني المفضل هو الأرجواني. وعيد ميلادي في 17 نوفمبر.

عناق
"جودي"

"أنتاناناريفو، 12 مايو 2002
مرحبا جودي!
لا مشكلة إذا لم ترسلي صورتك. كوتون كلب لطيف جدا. لكنني لدي حساسية من شعر الكلاب **وشعر القطط**. لوني المفضل هو الأزرق. سأعتني بأخي الصغير **لقد آذى نفسه.**
أراك لاحقًا!

فابيان.

"مرسيليا، 17 مايو 2002
مساء الخير فابيان

أخبري أخاك الصغير أن يكون **حذراً** أتمنى أن يكون بخير. هل لديك عنوان بريد إلكتروني يا فابيان؟ من الأنسب التواصل من خلال رسائل البريد الإلكتروني. إنّه أسرع. نفقد وقتاً أقل. هنا بريدي الإليكتروني: _judy.dubois2002@monmail.com_
.

أراك لاحقًا!

"جودي"

"أنتاناناريفو، 25 مايو 2002_
مساء الخير جودي

لقد أنشأت عنوان بريد إلكتروني لتَوي. **أنت على حق**. رسائل البريد الإلكتروني عملية أكثر.
بالمناسبة، لقد أرسلت لك رسالة إلكترونية. عنوان بريدي الإلكتروني موجود في هذه الرسالة.

أراك لاحقًا!

فابيان.

Vocabolario

المراسلون (M / F)	Corrispondenti(M/F)
تفاصيل	Informazioni
انا سعيد جدا لمقابلتك	Sono davvero felice di conoscerti
أنا طالبة في كلية الآداب	Sono una matricola alla facoltà di Arte
أنا أدرس اللغة الإنجليزية في الجامعة	Studio l'inglese all'università
المره القادمة	La prossima volta
لا بد لي من الذهاب إلى الصف	Devo andare a lezione
رسالتك تجعلني ابتسم	La tua lettera mi fa sorridere
يبدو أنك فتاة رائعة	Sembri una brava ragazza
مجال الدراسة	Campo di studi
حصة الطبخ	Lezioni di cucina
دينيس طباخة جيدة	Denis è un buon cuoco
انه جامح قليلا	È un po 'indisciplinato
كما ترى	Come vedi
نحن أحد عشر عاما كل فينا على حدة	Abbiamo undici anni di differenza
أنا أحبه	Mi piace
أنا أعتني به	Mi prendo cura di lui
الى الان	Per adesso
هدف	Obbiettivo
الانتهاء من المدرسة الثانوية	Finire la scuola superiore
أنا فقط يجب أن ...	Devo solo...
انا ذاهب للنوم	Vado a letto
لا أشعر أني بحالة جيدة	Non mi sento bene
أنا أعاني من الأنفلونزا	Ho l'influenza
تأخذني أمي إلى الطبيب غداً	Mia madre mi porta dal dottore domani

لحسن الحظ	Per fortuna
يمكنني الحصول على قسط من الراحة	Posso riposare
وآمل أن تكوني على نحو أفضل قريبا	Spero che tu ti senta meglio presto
تمنى لي حظا سعيدا	Augurami buona fortuna
إنها تستأجر شقة	Sta affittando un appartamento
اسأل عنك	Chiederti come stai
مات	Morto
جنازة	Funerale
أنا لست في مزاج ل ...	Non sono dell'umore giusto per ...
شكرا للقلق علي	Grazie per esserti preoccupata di me
يجعل قلبي يشعر بالدفء	Mi scalda il cuore
لدي امتحان الرياضيات غدا	Ho un esame di matematica domani
افتقده	Mi manca
يوم العمل عيد العمال	Festa dei lavoratori
يوم الاجازة	Vacanza
أرفق صورة لي بهذه الرسالة	Ti sto allegando una mia foto a questa lettera
جميلة	Bellissima
فستان	Vestito
بلوزة	Camicetta
خجول	Timida
كلب صغير	Cagnolino
حلو	Dolce
منظم	Agenda
لا يهم	Non importa
جذاب	Carina
شعر القط	Peli di gatto
هو قام بايذاء نفسه	Si è fatto male
كن حذرا	Stare attento

آمل أن يكون كل شيء على ما يرام   Spero che stia bene

بسرعة   Più veloce

أنت محق   Hai ragione

بالمناسبة   A proposito

آمل أن يكون كل شيء على ما يرام   Spero che stia bene

بسرعة   Più veloce

أنت محق   Hai ragione

بالمناسبة   A proposito

Storia 8: Corrispondenti

L'insegnante di francese di Judy le passa le **informazioni** di una ragazza che vive all'estero. Il suo nome è Fabienne. Judy le manda la prima lettera:

"Marsiglia, 14 gennaio 2002

Ciao Fabienne,

Mi chiamo Judy. Mi piacerebbe avere una corrispondenza con te. Sono una ragazza di diciotto anni. Vivo in Francia. Mi piacerebbe incontrarti.

Judy Laroche."

Pochi giorni dopo, Judy riceve una risposta da Fabienne.

" Antananarivo, 22 gennaio 2002

Ciao Judy,

Ho ricevuto la tua lettera. **sono duvvero felice di conoscerti.** *E sono felice di essere tua amica di penna. Ti auguro un felice anno nuovo. Mi presento, mi chiamo Fabienne e ho diciannove anni.* **Sono una matricola alla facoltà di Arte. Studio inglese all'università. La prossima volta** *scriverò una lettera più lunga.* **Devo andare a lezione.**

In attesa di leggere la tua risposta,

un caro saluto da Fabienne, la tua nuova amica."

"Marsiglia, 1 febbraio 2002

Ciao Fabienne,

La tua lettera mi fa sorridere. *Ti ringrazio.* **Sembri una brava ragazza.** *Lascia che mi presenti. Come sai, mi chiamo Judy. Frequento il primo anno delle scuole superiori e vivo con i miei genitori. Ho un fratello maggiore. Si chiama Denis e siamo molto intimi. Denis si è diplomato al liceo l'anno scorso. Non so quale* **campo di studi** *sceglierà. Al momento, prende* **lezioni di cucina.** *Ha talento.* **Denis è un buon cuoco.** *Ci piace cucinare insieme. È mio fratello a preparare i piatti a casa. Io lo aiuto. E tu, hai fratelli e sorelle? Sei molto legata a loro?*

Buona giornata,

Judy."

"Antananarivo, 11 febbraio 2002

Ciao Judy!

*Sì, ho un fratellino. Il suo nome è Nathan. Ha otto anni e frequenta la scuola elementare. Ama il calcio. **È un po' indisciplinato.** Non passo molto tempo con Nathan. **Come sai, abbiamo undici anni di differenza.** Ma **mi piace. Mi prendo cura di lui** quando i nostri genitori sono via. Ami molto tuo fratello. Parli molto di lui. Mi piace il tuo rapporto con lui. E poi, gli piace cucinare per la sua famiglia. E tu, quali passioni hai? Dimmi un po' di più su di te.*
Fabienne."
"Marsiglia, 16 febbraio 2002
Ciao Fabienne,

*La mia passione? Non lo so... **Per adesso**, il mio **obbiettivo** è quello di **finire la scuola superiore**. Sai, sono stata bocciata una volta alle medie e una alle superiori. Non trascuro i miei studi. **Devo solo** lavorare duro per portarli a termine con successo.*

*A presto. Sono le diciotto a casa. **Vado a letto, non mi sento bene. Ho l'influenza. Mia madre mi porta dal dottore domani. Per fortuna**, è venerdì. **Posso riposare.***
Judy."
"Antananarivo, 25 febbraio 2002
Ciao Judy,

***Spero che tu ti senta meglio presto.** È il 25 febbraio. Spero che dalla tua ultima lettera tu sia guarita. **Augurami buona fortuna**. Sto preparando gli esami adesso.*
A presto,
Fabienne."
"Parigi,1 marzo 2002
Ciao Fabienne,

*Sì, sono già guarita. Ora ci sono le vacanze. Ti sto scrivendo dalla città di Parigi. Sono venuta a trovare mia cugina Melanie. Lei vive a Parigi. **Sta affittando un appartamento.** E lei è una studentessa di inglese, come te. Ritorno a Marsiglia il 7 marzo. Ho ancora un sacco di compiti per le vacanze da finire per l'anno scolastico. In bocca al lupo per i tuoi esami!*
Judy."

"Marsiglia, 15 aprile 2002
Ciao Fabienne,

È passato un po' di tempo da quando hai scritto. Spero che tu stia bene. Ti sto mandando questa lettera per **chiederti come stai**.
Judy."
"Antananarivo, 23 aprile 2002
Ciao Judy,

Mi dispiace per questo lungo silenzio. Ultimamente, non ho voglia di scrivere. È accaduta una cosa triste. Il fratello maggiore di mio padre è **morto**. Era il mio zio preferito. Ero molto occupata con il **funerale**. Nel frattempo, ho anche sostenuto gli esami. In ogni caso, ti ringrazio per la lettera. **Grazie per esserti preoccupata per me. Mi scalda il cuore**. Sei davvero un'amica. Spero che tu stia bene.
Un abbraccio,
Fabienne."
"Marsiglia, 27 aprile 2002
Cara Fabienne,

Ti mando le mie più sincere condoglianze, a te e alla tua famiglia. **Ho un compito di matematica domani**. Sto ripassando. Denis non c'è. **Mi manca**. La casa è un po' vuota. Hai passato gli esami?
A presto!
Judy."
"Antananarivo, 1 maggio 2002
Cara Judy,

Oggi è la **Festa dei lavoratori**. Mi sono presa questa **vacanza** per scriverti. Ho superato gli esami. Ho il mio diploma di laurea. I miei genitori sono molto felici. Quand'è il tuo compleanno? Il mio è il 6 settembre. **Ti sto allegando una mia foto a questa lettera**.
A presto,
Fabienne."
"Marsiglia, 7 maggio 2002
Ciao Fabienne,

Sei **bellissima** nell'immagine. Mi piace il tuo **vestito** e la tua **camicetta**. Scusami. Non ti ho mandato la mia

foto. Sono piccola e **timida**. *E non sono fotogenica. Ti mando la foto del mio cane. È è la prima volta che ti parlo di lui. È un* **cagnolino**. *Il suo nome è Cotton. È molto* **dolce**. *Sei nata il 6 settembre? Prendo nota di questa data sull'***agenda**. *Ti faccio un regalo per il compleanno. Qual è il tuo colore preferito? Il mio è il viola. Il mio compleanno è il 17 novembre.*
Un abbraccio,
Judy."
"Antananarivo, 12 maggio 2002
Ciao Judy!
Non importa *se non mandi la tua foto. Cotton è un cane molto* **dolce**. *Ma sono allergica ai* **peli di cane e gatto**. *Il mio colore preferito è il blu. Vado a prendermi cura del mio fratellino.* **Si è fatto male.**
A presto!
Fabienne."
"Marsiglia, 17 maggio 2002
Buona sera Fabienne,
Dì al tuo fratellino di **stare attento**. **Spero che stia bene**. *Hai un indirizzo email, Fabienne? Conviene di più scriverci per mail. È* **più veloce**. *Perdiamo meno tempo. Eccoti il mio indirizzo email:* <u>judy.dubois2002@monmail.com</u> .
A presto!
Judy."
"Antananarivo, 25 maggio 2002
Buona sera Judy,
Ho appena creato un indirizzo email. **Hai ragione**. *I messaggi di posta elettronica sono più pratici.* **A proposito**, *te ne ho appena mandato uno. Il mio indirizzo è in questa e-mail.*
A presto!
Fabienne."

القصة 9: شغف الكتابة

سيريل ديجويموند هو مؤلف مشهور. **وهو مؤلف أربعة عشر رواية منشورة. وهو معروف في جميع أنحاء العالم.** كتب سيريل في الغالب روايات خيالية وقصص بوليسية وأفلام إثارة. سيريل **مؤلف مشهور. يبيع الكثير من الكتب في جميع أنحاء العالم.** ولقد أصدر (سيريل) للتو روايته الرابعة عشرة.

اتصلت به **محررة صحفية** عبر الهاتف. كارين تريد مقابلته وتطلب منه أن **يعطيها موعدًا للمقابلة.** اعطاها سيريل موعد في منزله بعد ظهر يوم الجمعة.

صباح الجمعة، استعدت كارين للمقابلة. فأخذت قلم حبر **ومفكرة وتصفحت الانترنت** للقراءة عن سيريل ديجويموند. كتبت الأسئلة لسيريل. ثم رنَّ **هاتف كارين. التقطت الهاتف وردت:**

- مرحبا!
- مرحبا كارين، معك كريستين.
- مرحبا كريستين! **كيف الحال؟**
- **دعينا نذهب بعيدا في نهاية هذا الاسبوع. احزم حقائبك. إنها رحلة لثلاثة أيام سأقلك بعد ساعتين**
- أنا آسفة. **لا أستطيع الذهاب.**
- ولكن لماذا؟ **أنتِ لا تعملين يوم الجمعة.**
- **لدي موعد مهم اليوم.**
- **موعد؟**
- لا، كريستين. أنا سأقابل (سيريل ديجويموند)
- **الكاتب** سيريل ديجويموند؟ **انت فتاة محظوظة.** (ديجويموند) هو مؤلفي المفضل **لقد قرأت كل كتبه** سأشتري روايته الجديدة اليوم
- **سأطلب منه توقيعاً** لك.
- شكرا لك!
- أنا سأعمل اليوم. لكن دعينا نخرج صباح الغد
- حسنا، **سوف أراك غدا بعد ذلك.**
- **يوم لطيف** كريستين.
- يوم جيد لك أيضا كارين!

كارين تضع الهاتف. وتواصل عملها. في الساعة الواحدة، تستعد كارين للمغادرة. تضع قلمها ودفتر ملاحظاتها ومنديلها ومفاتيح سيارتها ونظارتها الشمسية وهاتفها المحمول في حقيبتها.

في تمام الثانية وخمسين دقيقة بعد الظهر، تصل كارين إلى **مدخل منزل** سيريل. **وتقوم بضغط** الجرس. **حارس الأمن** يحييها، ويسألها عن هويتها. كارين تقدم نفسها وتظهر **بطاقتها الشخصية**. فيدعوها حارس الأمن إلى الدخول إلى **داخل العقار**. و يرافق الشابة في غرفة المعيشة.و **يدعوها للجلوس** على كرسي، ثم يخرج.

بعد عشر دقائق، وصل سيريل ديجويموند إلى الغرفة. **وقفت كارين** لتحيته. سيريل رجل عظيم لديه لحية وهو **فاتن**. وكان **يرتدي نظارات**.

- مرحبا السيد ديجويموند. اسمح لي أن أقدم لنفسي: اسمي كارين دوبوا. أعمل في مجلة "الزهور". أنا محررة صحفية. وأنا **سعيدة لمقابلتك**.
مرحبا سيدة دوبوا. **أنا سعيد جدا لمقابلتك**.
- **يمكنك مناداتي كارين.**
- **حسنًا، كارين. الجو حار جداً هنا دعينا نذهب إلى الحديقة.**

هناك طاولة وكراسي ومظلة في الحديقة. ثم جلس كارين وسيريل.

- السيد سيريل ديجويموند ، **شكرا لك على الترحيب بي في منزلك** . لديك فيلا جميلة جدا.
- شكرا لك، كارين. لنبدأ المقابلة، **فلدي يوم حافل**.
- حسنا. أسجل محادثتنا على هاتفي الذكي.

- **تجنبي الأسئلة الحميمة جدًا، من فضلك. أنا لا أحب الحديث عن خصوصيتي.**
- حسنا أنا أفهم. لذا، سيريل ديجويموند، **أخبرنا عن روايتك الأخيرة.**
- هذه قصة كائن فضائي. لديه مظهر إنسان. **هذا الكائن يبدو كامرأة عجوز.** لديه **قوى خارقة. يصل إلى كوكبنا، ثم كان الشاهد على جريمة قتل. فيُحقق معه ضابط شرطة حول جريمة القتل.**
- رائعٌ. ما هو عنوان الكتاب؟
- "الأوهام".
- **منذ متى تكتب الرواية؟**
- يتراوح **بين أربعة وأربعة وعشرين شهرا.**
- **لديك جسم رياضي، سيريل ديجويموند. هل تقوم بالرياضة؟**
- في الواقع، نعم.
- **ما هي الرياضة التي تقوم بها؟**
- أنا أقوم ببعض الركض.
- **هل تستمتع بالقراءة؟**
- **نعم بالطبع.**
- **ماذا تحب أن تقرأ، سيريل ديجويموند؟**
- **قليلا من كل شيء. يساعدني على الحصول على الإلهام.**
- وبصرف النظر عن القراءة والرياضة والكتابة، ما هي هواياتك؟

- أنا أستمتع بقضاء الوقت مع عائلتي. أحب الذهاب للصيد مع أخي وابنة أخي.
- من هم مؤلفوك المفضلون؟
- مؤلفي المفضلان هما ستيفن كينغ وأغاثا كريستي.
- هل تكتب رواية جديدة الآن؟
- **ليس بعد. سأخذ إجازة**
- **القراء** لديهم أسئلة لك. سأطرح عليك الأسئلة الأكثر إثارة للاهتمام.
- حسنا. أنا أستمع إليك.
- **هل لديك زخم الكاتب؟**
- **يحدث لي في بعض الأحيان.**
- **ماذا تفعل عندما يحدث ذلك؟**
- أنا **أخذ قسط من الراحة**. وأمشي. وآكل الآيس كريم مع ابنة أخي, وأتحدث معها.
  وأذهب **إلى الريف... للإسترخاء.**
- هل تفكر في كتابات الرومانسية؟
- لا، لا، لا، لا، لا،
- شكرا على هذه المقابلة، سيريل ديجويموند.
- إنه لمن دواعي سروري. **شكرًا لمجيئك**. أقدم لك نسخة من روايتي الأخيرة
- أوه! شكرًا جزيلاً يا سيدي!

ابتسم سيريل.

- سيريل ديجويموند، **أيمكنك التوقيع على الكتاب لكريستين، من فضلك؟**
- نعم بالطبع. من هي كريستين؟
- كريستين دوبوا هي أختي الكبرى. إنها تحب رواياتك

يكتب سيريل في الصفحة الأولى من الكتاب. شكرته كارين ثم ذهبت إلى المنزل.

في اليوم التالي، قدمت كارين الكتاب لأختها. كانت كريستين **مندهشة** وفرحة للغاية. ثم أخذوا السيارة وخرجوا في عطلة نهاية الأسبوع.

Vocabolario

الكتابة	Scrittura
مشهور	Rinomato
وهو مؤلف لأربعة عشر رواية منشورة	È autore di quattordici romanzi pubblicati
وهو معروف في جميع أنحاء العالم	È famoso in tutto il mondo
رواية خيال	Romanzi fantastici
قصص المحققين	Gialli
المؤلف الشهير	Autore famoso
يبيع الكثير من الكتب	Vende molti libri
نسخ	Copie
في جميع انحاء العالم	In tutto il mondo
محرر	Un editore
أجر مقابلة	Concedere un'intervista
المفكرة	Blocco note
إنها تبحث عبر الإنترنت	Va su Internet
قلم برأس كروي	Penna a sfera
الهاتف الخلوي	Cellulare
هي تلتقط الهاتف	Prende il telefono
ماذا تفعل	Come va
دعنا نذهب بعيدا في نهاية هذا الاسبوع	Andiamocene questo fine settimana
تحزم حقائبك	Fai i bagagli
إنها رحلة لمدة ثلاثة أيام	È un viaggio di tre giorni
سأقلك في ساعتين	Ti verrò a prendere tra due ore
أنا أسف	Mi dispiace
لا أستطيع الذهاب	Non posso venire
أنت لا تعمل يوم الجمعة	Non lavori il venerdì
لدي موعد مهم	Ho un appuntamento importante
موعد	Un appuntamento romantico

كاتب	Scrittore
انت فتاة محظوظة جدا	Sei una ragazza molto fortunata
قرأت جميع كتبه	Ho letto tutti i suoi libri
سأطلب منه توقيعه	Gli chiederò un autografo
سأراك غدا	Ci vediamo domani allora
أتمنى لك نهارا سعيد	Buona giornata
كارين تضع الهاتف	Carine mette giù il telefono
منديل	Fazzoletti
مفاتيح السيارة	Chiavi della macchina
نظارة شمسيه	Occhiali da sole
مدخل	Portone
للضغط (تضغط ...)	Bussare (bussa…)
حارس أمن	Guardia di sicurezza
داخل العقار	All'interno della proprietà
يدعوها للجلوس	Lui la invita a sedersi
كارين تقف	Carine si alza
اللحية	Barba
ساحر	Affascinante
يرتدي نظارات	Indossa occhiali
أنا سعيد لمقابلتك	Sono felice di conoscerla
يسرني جدا أن ألتقي بك	Sono molto contento di averti conosciuto
يمكنك الاتصال بي كارين	Può chiamarmi Carine
حسنا	Ok
الجو حار جدا هنا	Fa troppo caldo qui
دعينا نذهب إلى الحديقة	Andiamo in giardino
شكرا لاستقبالي في بيتك	Grazie per avermi accolta a casa sua
لدي يوم مزدحم للغاية	Ho una giornata abbastanza impegnativa
تجنب	Evitare
لا أحب التحدث عن حياتي الخاصة	Non mi piace molto parlare della mia vita privata

أخبرنا عن أحدث رواية لك	Ci parli del tuo ultimo romanzo
كائن بشري	Essere umano
الشخص يبدو وكأنه امرأة عجوز	L'essere vivente sembra una donna anziana
القوى العظمى	Superpoteri
إنه شاهد على جريمة قتل	È testimone di un omicidio
ضابط شرطة يحقق معه في جريمة القتل	Un poliziotto deve indagare con lui sull'omicidio (a riguardo)
الى متى....؟	Quanto tempo impiega...
ما بين	Tra
لديك جسم رياضي	Ha il corpo di un atleta
هل تمارس الرياضة؟	Pratica sport?
في الواقع	In effetti
ماهي الرياضة التي تمارسها؟	Quali sport pratica?
هل تستمتع بالقراءة	Le piace leggere
نعم طبعا	Sì, naturalmente
ماذا تحب أن تقرأ؟	Cosa le piace leggere?
قليلا من كل شيء	Un po' di tutto
هذا يساعدني	Mi aiuta
أنا أستمتع بقضاء الوقت مع عائلتي	Mi piace passare del tempo con la mia famiglia
أحب الذهاب للصيد مع أخي وابنة أختي	Adoro andare a pescare con mio fratello e mia nipote nièce
ليس بعد	Non ancora
انا اخرج في اجازة	Ho intenzione di fare una vacanza
القراء	Lettori
هل لديك زخم الكاتب؟	Le capita di avere il blocco dello scrittore?
يحدث هذا لي أحيانا	A volte mi capita
ماذا تفعل عندما يحدث؟	Cosa fa quando succede?
أنا أخذ قسط من الراحة	Mi prendo una pausa

بوظة	Gelato
الريف	Campagna
أنا أسترخي	Mi rilasso
شكرا لقدومك	Grazie per essere venuta
هل يمكنك التوقيع على كتاب كريستين؟	Può firmare il libro per Christine?
مندهشة	Entusiasta (F/M)

Storia 9: Una passione per la scrittura

Cyril Deguimond è un **rinomato** scrittore. **È autore di quattordici romanzi pubblicati**. **È famoso in tutto il mondo**. Cyril ha scritto principalmente **romanzi fantastici, gialli** e thriller. Cyril è un **autore famoso**. **Vende molti libri in tutto il mondo**. Cyril ha appena pubblicato il suo quattordicesimo romanzo.

Un **editore della** stampa scritta lo contatta per telefono. Carine vuole intervistarlo. Lei gli chiede di **concedere un'intervista**. Cyril le dà un appuntamento a casa sua venerdì pomeriggio.

Venerdì mattina, Carine prepara l'intervista. Prende una penna a sfera e un **blocco note**. **Va su Internet** per leggere di Cyril Deguimond. Scrive le domande per lui. Il **cellulare di** Carine squilla. **Prende il telefono**:

- Ciao!
- Ciao Carine, sono Christine.
- Ciao Christine! **Come va?**
- **Andiamocene questo fine settimana. Fai i bagagli**. Ci facciamo **un viaggio di tre giorni. Ti verrò a prendere tra due ore**.
- **Mi dispiace. Non posso venire.**
- Ma perché? **Non lavori il venerdì.**
- **Ho un appuntamento importante** oggi.
- Un **appuntamento romantico**?
- No, Christine. Sto intervistando Cyril Deguimond.
- Lo **scrittore** Cyril Deguimond? **Sei una ragazza molto fortunata** . Deguimond è il mio autore preferito. **Ho letto tutti i suoi libri**. Comprerò il suo nuovo romanzo oggi.
- **Gli chiederò un autografo**. Per te.
- Grazie!
- Oggi lavoro. Ma partiamo domani mattina.
- Va bene, **ci vediamo domani allora**.
- **Buona giornata**, Christine.

-        Buona giornata anche a te, Carine!

Carine mette giù il telefono. Lei continua il suo lavoro. Alle tredici e mezza, Carine si prepara ad andarsene. Lei mette la sua penna, il suo taccuino, i **fazzoletti**, le sue **chiavi della macchina**, i suoi **occhiali da sole** e il suo cellulare nella borsa.

Alle quattordici e quindici, Carine arriva al **portone** della casa di Cyril. **Bussa** al campanello. Una **guardia di sicurezza** la saluta. Lui le chiede l'**identità**. Carine si presenta e mostra il suo distintivo. La guardia di sicurezza la invita ad entrare **all'interno della proprietà**. Accompagna la giovane donna nel soggiorno. **Lui la invita a sedersi** su una sedia. Quindi la guardia di sicurezza esce.

Dieci minuti dopo, Cyril Deguimond arriva nella stanza. **Carine si alza** per salutarlo. Cyril è un gran bell'uomo. Ha la **barba** ed è **affascinante. Indossa degli occhiali.**

-        Salve sig. Deguimond. Lasci che mi presenti: mi chiamo Carine Dubois. Lavoro per la rivista *Flowery*. Sono un'editor per la stampa. E **sono felice di conoscerla.**
-        Salve Signorina Dubois. **Sono molto contento di averla conosciuta.**
-        **Può chiamarmi Carine.**
-        **Ok,** Carine. **Fa troppo caldo qui. Andiamo in giardino.**

C'è un tavolo, con sedie e ombrellone nel giardino. Carine e Cyril si siedono.

-        Sig. Cyril Deguimond, **grazie per avermi accolta a casa sua.** Ha una villa bellissima.
-        Grazie, Carine. Iniziamo l'intervista. **Ho una giornata abbastanza impegnativa.**
-        Va bene. Registro la nostra conversazione sul mio smartphone.

- **Evitiamo** domande troppo intime, per favore. **Non mi piace molto parlare della mia vita privata**.
- Certo, capisco. Quindi, Cyril Deguimond, **ci parli del suo ultimo romanzo**.
- È la storia di un alieno. Ha l'aspetto di un **essere umano. L'essere vivente sembra una donna anziana**. Ha dei **superpoteri**. Arriva sul nostro pianeta. Finisce per diventare il **testimone di un omicidio. Un agente di polizia deve indagare con lui a riguardo**.
- Affascinante. Qual'è il titolo del libro?
- "Illusioni".
- **Quanto tempo impiega** a scrivere un romanzo?
- **Tra** i quattro e i ventiquattro mesi.
- **Ha il corpo di un atleta**, Cyril Deguimond. **Pratica sport?**
- **In effetti,** sì.
- **Quali sport pratica?**
- Sto facendo un po' di jogging.
- **Le piace leggere?**
- **Sì, naturalmente.**
- **Cosa le piace leggere**, Cyril Deguimond?
- **Un po' di tutto. Mi aiuta** ad avere l'ispirazione.
- A parte lettura, sport e scrittura, quali sono gli altri suoi hobby?
- **Mi piace passare del tempo con la mia famiglia. Adoro andare a pesca con mio fratello e mia nipote.**
- Chi sono i suoi autori preferiti?
- I miei autori preferiti sono Stephen King e Agatha Christie.
- Stai scrivendo un nuovo romanzo in questo momento?
- **Non ancora. Ho intenzione di fare una vacanza.**

-       I suoi **lettori** hanno delle domande per lei. Sto per farle le più interessanti.

-       Va bene. La ascolto.

-       **Le capita di avere il blocco dello scrittore?**

-       **A volte mi capita.**

-       **Cosa fa quando succede?**

-       **Mi prendo una pausa.** Cammino. Mangio del **gelato** con mia nipote. Chiacchiero con lei. Vado in **campagna... mi rilasso.**

-       Pensa di scrivere storie d'amore?

-       No.

-       Grazie per questa intervista, Cyril Deguimond.

-       È un piacere. **Grazie per essere venuta.** Le offro una copia del mio ultimo romanzo.

-       Oh! Grazie mille!

Cyril sorrise.

-       Cyril Deguimond, **può firmare il libro per Christine**, per favore?

-       Certo, naturalmente. Chi è Christine?

-       Christine Dubois è mia sorella maggiore. Ama i suoi romanzi.

Cyril scrive sulla prima pagina del libro. Carine lo ringrazia e torna a casa.

Il giorno dopo, Carine offre il libro a sua sorella. Christine è **entusiasta**. Prendono la macchina e vanno in vacanza per il weekend.

قصة 10: أمسية مع الأصدقاء

جون: مرحبا!

مارتن: مرحبا جون! كيف حالك؟

جون: أنا بخير، شكرا لك. وكيف حالك؟

مارتن: أنا بخير.

جون: **ماذا ستفعل الليلة؟**

مارتن: **سأبقى في المنزل،** لماذا؟

جون: اريد ان أدعوك إلى المطعم الليلة أنت وأوغسطين وكارلا

مارتن: حسنا. **ما الأمر؟**

جون: **لدي إعلان خاص جداً لأقوم به.**

مارتن: ما هي الأخبار؟

جون: كن صبوراً، أعلن ذلك الليلة.

مارتن: حسنا!

جون: في مطعم "تغذية" الليلة في الساعة الثامنة.

مارتن: طيب! أراك الليلة!

جون: مرحبا! مرحبا كارلا!

كارلا: مرحبا جون!

جون: **أين أنت؟**

كارلا: في العمل.

جون: **متى تخرج من العمل؟**

كارلا: حوالي الساعة السادسة. لماذا؟

جون: **هل تريد الخروج الليلة؟**

كارلا: لا، شكرا. إنني مُجهَدة. سأذهب إلى المنزل وأنام الليلة.

جون: لا، لن تنامِ. سنذهب إلى المطعم الليلة

كارلا: أنا وأنت؟

جون: لا، هناك أربعة منا، مع أوغسطين ومارتن.

كارلا: **ولكن ليس لدي الكثير من المال في الوقت الحالي.**

جون: **لا تقلقي. أنا من يدعوك**

كارلا: **شكراً لك. لكن هذا يجعلني غير مرتاح قليلاً**

جون: من فضلك كارلا لدي شيء مهم لأخبرك به وللآخرين.

كارلا:**هل هي أخبار جيدة؟**

جون: نعم، إنها أخبار جيدة جداً.

كارلا: لقد أثرت عليّ. حسنا، أنا قادمة إلى المطعم معك الليلة.

جون : شكرًا كارلا! نراك الليلة اذن! في مطعم "تغذية" في الساعة العاشرة. **لا تتأخري.**

جون: مرحبا أوغسطين!

أوغسطين: مرحبا جون!
جون: هل أنت متفرغ الليلة؟
أوغسطين: نعم، إنه يوم الجمعة. أود أن أخرج الليلة للاسترخاء
جون: حسنا. سأقلك في الساعة التاسعة عشرة. (كارلا) و(مارتن) ينتظراننا في المطعم في الساعة الثامنة

كارلا تعود في 10 دقائق بعد السادسة. تأخذ دُش وترتدي **فستان أزرق طويل**. تصل إلى المطعم في التاسعة عشرة والخمسين. جون، أوغسطين ومارتن يصلون بعد خمس دقائق. جون يذهب إلى مكتب الاستقبال.

جون: مساء الخير سيدتي!
سوزي: مساء الخير يا سيدي، ماذا يمكنني أن أفعل لك؟
جون: هل يمكننا الحصول على طاولة للعشاء من فضلك؟
سوزي: نعم، بالطبع. هل لديك حجز؟
جون: لا، نحن لم نحجز.
سوزي: طاولتك ستكون جاهزة في بضع دقائق.
جون: شكرا لك، سيدتي.
كارلا: هل يمكننا الحصول على طاولة بالقرب من النافذة من فضلك؟
سوزي: بالطبع!

وبعد سبع دقائق، اتصل نادل **بالشباب الأربعة.**

جيمي: طاولتك جاهزة هل يمكنك ان تتبعني من فضلك

جلس جون، كارلا، مارتن وأوغسطين على مائدتهم.

جيمي : مساء الخير سيداتي, سادتي. اسمي جيمي. أنا خادمك لهذه الليلة

جيمي يعطي **قائمات الطعام للشباب.**
جيمي: هل تحب شيئاً لتشربه أولاً؟
نعم، نود زجاجة من أفضل الشمبانيا من فضلك.

احضرَ جيمي زجاجة من الشمبانيا

مارتن: إذن، جون. ما هذه الأخبار العظيمة التي ستعلنها لنا؟
جون: دعونا نستمتع قليلاً سأدعك تخمن.
كارلا: سوف تتزوج.
جون: لا.

كارلا: ستحظى بطفل

جون: لا.

مارتن: ستعمل في الخارج.

جون: لا.

اوغسطين: **حصلت على علاوة**

جون: لا.

كارلا: سوف تصبح **كاهنا.**

جون: لا.

مارتن: ستغير عملك!

كارلا: وستصبح نجم روك!

جون: لا ولا. كارلا، **أنت مضحكة.** ولديك الكثير من الخيال.

أوغسطين: لقد ورثت **ثروة كبيرة!**

جون: لا، لكن هذا تقريباً يا (أوغسطين)! حسنا، **أنا أقول لك. لقد فزت باليانصيب!**

أوغسطين، مارتن وكارلا: حقا؟

جون: نعم، **أنا لا أمزح.** لقد فزت باليانصيب حقاً!

مارتين: **كم ربحت؟**

جون: **أحتفظ بهذه المعلومات لنفسي.** ولكنكم جميعا ستستمتعون بهذا المال!

كارلا: لماذا وكيف؟

جون: لأنكم أفضل أصدقائي. **أنتم دائماً هناك لتدعموني في الأوقات الجيدة والسيئة.**
سنذهب جميعًا في إجازة معًا لمدة أسبوعين. وسأدفع كل النفقات.

مارتن: هل أنت جاد، جون؟

جون: نعم!

أوغسطين: ولكن كما تعلم، فأنت لست **مضطرًا للقيام بذلك.**

جون: **ولكني أريد ذلك. لا تكن مُحرجاً.** أود أن أشكركم على صداقتكم الصادقة. **دعونا فقط
نسميها هدية شكر.** كارلا: شكرا لإعطائنا هذه الرحلة! انا معك!

أوغسطين: أنا أيضاً.

جون: وأنت يا مارتن؟

مارتن: **حسنا، أنا معك!**

جون: شكراً يا أصدقائي الأعزاء!

جيمي يقترب من طاولتهم

جيمي: **هل اتخذت اختيارك؟**

كارلا: **أريد بعض حساء الدجاج من فضلك**

جيمي: وأنتم، أيها السادة؟

مارتين: سأخذ نفس الشيء

أوغسطين: أود سلطة المعكرونة، من فضلك.

جيمي: وأنت يا سيدي؟

جون: **ما هي العروض الخاصة اليوم؟**

جيمي: ريسوتو أو غراتين مع الجبن.
جون: أود جبنة غراتين، من فضلك.
جيمي: حسنا، سيدي. هل تريد شيئاً آخر؟
كارلا: نعم، كنت سآخذ موزة ملتهبة للتحلية، من فضلك.
جيمي: وأنتم، أيها السادة، هل سيكون لديكم حلوى؟
جون: لا، شكرا.
أوغسطين: لا، لن آخذ الحلوى.
مارتن: أنا لا.

ذهب جيمي. ثم عاد بعد 15 دقيقة، **بالأطباق المطلوبة.**
جيمي: وجبة هنيئة! إذا كنتم ترغبون في طلب أطباق أخرى، لا تترددوا في مناداتي.

الشباب الأربعة يشكرون النادل ويبدأون في تناول الطعام. خلال العشاء، **يتحدث أوغسطين.**

أوغسطين: **دعونا نرفع كؤوس الصداقة!**

في وقت لاحق، جيمي يجلب حلوى كارلا. ثم يتناقش الأصدقاء الأربعة حول عطلتهم القادمة لمدة ساعة. طلب جون الفاتورة. ترك الفاتورة ثم غادر المطعم مع أصدقائه. وقد ترك جون بقشيشًا سخيًا للنادل.

أوغسطين: **إذن إلى أين سنذهب الآن؟**
كارلا: **أنا متعبة جدًا.** سأذهب إلى المنزل. ليلة سعيدة يا أولاد!
جون: شكرا لك! ليلة سعيدة كارلا!
أنا أيضاً سأعود إلى المنزل سأعمل غداً وداعًا!
جون وأوغسطين : ليلة سعيدة مارتن!
أوغسطين: **الآن نحن الوحيدون المتبقين،** جون. ما هو البرنامج الليلة؟
جون : لدي اسطوانة DVD من فيلم صدر مؤخرًا. يمكننا الذهاب إلى المنزل ومشاهدة الفيلم معاً
أوغسطين: حسنا!

Vocabolario

ماذا ستفعل الليلة؟	Che fai stasera?
سأبقى في المنزل	Rimarrò a casa
ما الذي يجري؟	Come mai?
لدي إعلان خاص لأقوم به	Ho un annuncio molto speciale da fare
اراك الليلة!	Ci vediamo stasera!
أين أنت؟	Dove sei?
في أي وقت تخرج من العمل؟	A che ora finisci di lavorare?
هل تريد الخروج الليلة؟	Vuoi uscire stasera?
ليس لدي الكثير من المال	Non ho tanti soldi
لا تقلق	Non preoccuparti
أنا أدعوك	Sono io che ti invito
هذا يجعلني غير مرتاح قليلا	Mi metti un po' a disagio
لدى شئ مهم لاخبرك به	Ho qualcosa di importante da dirti
هل هي أخبار جيدة؟	È una bella notizia?
لا تتأخر	Non tardare
هل لديك شيء لفعله الليلة؟	Sei libero stasera?
انتظر (كارلا ومارتن ينتظرون)	Aspettare (Carla e Martin ci aspettano)
فستان طويل	Vestito lungo
ما الذي يمكنني أن أفعله من أجلك؟	Cosa posso fare per lei?
هل يمكننا الحصول على طاولة لتناول العشاء؟	Possiamo avere un tavolo per la cena?
هل لديك حجز؟	Avete una prenotazione?
ستكون طاولتك جاهزة في غضون بضع دقائق	Il vostro tavolo sarà pronto in pochi minuti
هل يمكن أن يكون لدينا طاولة بجوار النافذة؟	Potremmo avere un tavolo vicino alla finestra?
أربعة شباب	Quattro giovani
هل يمكنك اللحاق بي من فضلك؟	Seguitemi, gentilmente
قائمة الطعام	I menu

هل تريد شيئا لتشربه أولا؟	Preferireste qualcosa da bere prima?
دعنا نحصل على القليل من المرح	Divertiamoci un po '
سأدعك تخمن	Vi farò indovinare
ستنجب طفلا	Avrai un bambino
لقد زاد راتبك	Hai ottenuto un aumento
كاهن	Sacerdote
انت مضحكة	Sei divertente
ثروة كبيرة	Grande fortuna
هذا قريب بما فيه الكفاية	È quasi così
حسنًا ، سأخبرك	Va bene, ve lo dirò
فزت باليانصيب!	Ho vinto la lotteria!
انا لا امزح	Non sto scherzando
كم فزت؟	Quanto hai vinto?
احتفظ بهذه المعلومات لنفسي	Tengo questa informazione per me
أنتم دائما هناك لدعموني	Siete sempre lì a sostenermi
الأوقات الجيدة والسيئة	Tempi buoni che in quelli cattivi
سأدفع جميع النفقات	Pagherò io tutte le spese
ليس عليك القيام بذلك	Non devi farlo
ولكن أريد ذلك	Ma voglio farlo
لا تكن محرجا	Non dovete essere imbarazzati
دعنا نسميها هدية شكر	Chiamiamolo solo un regalo di ringraziamento
حسنًا ، أنا معك	Va bene, ci sto
هل قمت باختيارك؟	Avete fatto la vostra scelta?
أريد بعض حساء الدجاج	Vorrei della zuppa di pollo
ما هي العروض الخاصة اليوم؟	Quali sono le offerte speciali di oggi?
الأطباق المطلوبة	Piatto(i) ordinato(i)
أوغسطين يتحدث	Parla Augustin
لنرفع كؤوس الصداقة	Brindiamo all'amicizia
الفاتورة	Conto

بقشيشًا	Mancia
اذا ، أين نذهب الآن؟	Allora, dove andiamo ora?
انا متعبة جدا	Sono molto stanca
الآن نحن الوحيدون الذين بقوا	Ora siamo gli unici rimasti

انا متعبة جدا

الآن نحن الوحيدون الذين بقوا

Storia 10: Una Serata tra Amici

John: Ciao!
Martin: Ciao John! Come stai?
John: Bene, grazie. E tu?
Martin: Bene.
John: **Che fai stasera?**
Martin: **Rimarrò a casa**, perché?
John: Sei invitato al ristorante stasera, tu, Augustin e Carla.
Martin: Va bene. **Come mai?**
John: **Ho un annuncio molto speciale da fare**.
Martin: Qual è la novità?
John: Sii paziente, te lo dico stasera.
Martin: Va bene!
John: Al ristorante "Feed" stasera alle otto in punto.
Martin: Ok! Ci vediamo stasera!

John: Ciao! Ciao Carla!
Carla: Ciao John!
John: **Dove sei?**
Carla: A lavoro.
John: **A che ora finisci di lavorare?**
Carla: Verso le sei. Perché?
John: **Vuoi uscire stasera?**
Carla: No grazie. Sono stanca. Vado a casa a dormire stasera.
John: No, non dormirai. Stasera andiamo al ristorante.
Carla: Me e te?
John: No, siamo in quattro, con Augustin e Martin.
Carla: Ma **non ho tanti soldi** adesso.
John: **Non preoccuparti. Sono io che ti invito**.
Carla: Grazie. Ma **mi metti un po' a disagio**
John: Dai, Carla. **Ho qualcosa di importante da dirti**. A te e agli altri.
Carla: **È una bella notizia?**
John: Sì, è una bella notizia.
Carla: Mi hai incuriosito. Ok, vengo al ristorante con te stasera.
John: Grazie Carla! Ci vediamo stasera allora! Al ristorante "Feed" alle venti in punto. **Non tardare**.

John: Ciao Augustin!
Augustin: Ciao John!
John: **Sei libero stasera?**
Augustin: Sì, è venerdì. Mi piacerebbe uscire stasera, per rilassarmi.
John: Perfetto. Ti vengo a prendere alle sette e un quarto. **Carla e Martin ci aspettano** al ristorante alle otto in punto.

Carla ritorna alle sei e dieci. Fa una doccia e indossa un **vestito lungo** blu. Arriva al ristorante alle diciannove e cinquanta. John, Augustin e Martin arrivano cinque minuti dopo. John va alla reception.

John: Buonasera signora!
Suzie: Buona sera signore, **cosa posso fare per lei?**
John: **Possiamo avere un tavolo per la cena,** per favore**?**
Suzie: Sì, naturalmente. **Avete una prenotazione?**
John: No, non abbiamo prenotato.
Suzie: **Il vostro tavolo sarà pronto in pochi minuti**.
John: Grazie signora.
Carla: **Potremmo avere un tavolo vicino alla finestra**, per favore?
Suzie: Ovviamente!

Sette minuti dopo, un cameriere chiama i **quattro giovani**.

Jimmy: Il vostro tavolo è pronto. **Seguitemi, gentilmente.**

John, Carla, Martin e Augustin si siedono al loro tavolo.

Jimmy: Buonasera signore e signori. Mi chiamo Jimmy. Sarò io a servirvi questa sera.

Jimmy dà **i menu** ai giovani.
Jimmy: **Preferireste qualcosa da bere prima?**
John: Sì, vorremmo una bottiglia del vostro miglior champagne, per cortesia.

Jimmy porta una bottiglia di champagne.

Martin: Quindi, John. Qual è questa grande notizia che devi darci?

John: **Divertiamoci un po. Vi farò indovinare**.

Carla: Ti sposerai.

John: No.

Carla: **Avrai un bambino**.

John: No.

Martin: Lavorerai all'estero.

John: No.

Augustin: **Hai ottenuto un aumento.**

John: No.

Carla: Diventerai **sacerdote**.

John: No.

Martin: Cambierai carriera!

Carla: E diventerai una rockstar!

John: No e no. Carla **sei divertente**. E hai molta immaginazione.

Augustin: Hai ereditato una **grande fortuna**!

John: No, ma è quasi così, Augustine! **Va bene, ve lo dirò. Ho vinto la lotteria!**

Augustin, Martin e Carla: Veramente?

John: Sì, **non sto scherzando**. Ho davvero vinto la lotteria!

Martin: **Quanto hai vinto?**

John: **Tengo questa informazione per me.** Ma ve li godrete tutti questi soldi!

Carla: Perché e come?

John: Perché siete i miei migliori amici. **Siete sempre lì a sostenermi** sia nei **tempi buoni che in quelli cattivi**. Andremo in vacanza insieme per due settimane. **Pagherò io tutte le spese.**

Martin: Sei serio, John?

John: Sì!

Augustin: Ma lo sai, **non devi farlo**.

John: **Ma voglio farlo. Non dovete essere imbarazzati**. Vorrei ringraziarvi per la vostra sincera amicizia. **Chiamiamolo solo un regalo di ringraziamento**.

Carla: Grazie per averci regalato questo viaggio! Ci sono!

Augustin: Anche io.

John: E tu, Martin?

Martin: **Va bene, ci sto!**

John: Grazie miei cari amici!

Jimmy si avvicina al loro tavolo.
Jimmy: **Avete fatto la vostra scelta?**
Carla: **Vorrei della zuppa di pollo**, gentilmente.
Jimmy: E voi, signori?
Martin: Prenderò lo stesso.
Augustin: Vorrei un'insalata di pasta, per cortesia.
Jimmy: E lei, signore?
John: **Quali sono le offerte speciali di oggi?**
Jimmy: Risotto o gratin al formaggio.
John: Vorrei un gratin di formaggio, per cortesia.
Jimmy: Bene, signore. Desiderate altro?
Carla: Sì, vorrei una banana flambé come dessert, gentilmente.
Jimmy: E voi, signori, gradite un dolce?
John: No, grazie.
Augustin: No, per me niente dessert.
Martin: Neanche per me.

Jimmy si allontana. Quindici minuti dopo, ritorna coi **piatti ordinati**.
Jimmy: Buon appetito! Se volete ordinare altro, non esitate a chiamarmi.

I quattro giovani ringraziano il cameriere e iniziano a mangiare. Durante la cena, **parla Augustin**.

Augustin: **Brindiamo all'amicizia!**

Più tardi, Jimmy porta il dolce di Carla. Quindi i quattro amici discutono della loro prossima vacanza per un'ora. John chiede il **conto**. Lo paga. Quindi lascia il ristorante coi suoi amici. John lascia una generosa **mancia** al cameriere.

Augustin: **Allora, dove andiamo ora?**
Carla: **Sono molto stanca**. Vado a casa. Buonanotte ragazzi!
John: Grazie! Buonanotte Carla!
Martin: Anch'io andrò a casa. Lavoro domani. A presto!
John e Augustin: Notte, Martin!

Augustin: **Ora siamo gli unici rimasti**, John. Qual è il programma stasera?
John: Ho il DVD di un film uscito da poco. Possiamo andare a casa e guardarlo insieme.
Augustin: Ci sto!

www.ingramcontent.com/pod-product-compliance
Lightning Source LLC
Chambersburg PA
CBHW031354160726
47993CB00002B/971